Robert Hoeniger

Der schwarze Tod in Deutschland

Ein Beitrag zur Geschichte des 14. Jahrhunderts

Robert Hoeniger

Der schwarze Tod in Deutschland

Ein Beitrag zur Geschichte des 14. Jahrhunderts

ISBN/EAN: 9783955641955

Auflage: 1

Erscheinungsjahr: 2013

Erscheinungsort: Bremen, Deutschland

EHV
HISTORY

DER SCHWARZE TOD

IN DEUTSCHLAND.

Ein Beitrag

zur

Geschichte des vierzehnten Jahrhunderts

von

Dr. Robert Hoeniger.

Berlin 1882.

Druck und Verlag von Eugen Grosser.

HERRN GEHEIMEN REGIERUNGSRATH, PROFESSOR,

DR. AUGUST MEITZEN

zugeeignet.

VORWORT.

Die einleitenden Worte dieser Untersuchung stellen die Gesichtspunkte klar, unter denen die vorliegende Arbeit, die ich auf einen möglichst engen Raum zusammengedrängt habe, unternommen ist. Ich habe mich bemüht die vielfach entstellte spätere Ueberlieferung bis auf ihren Ursprung zurückzuverfolgen und auf Grund der gleichzeitigen Quellen ein Bild des „schwarzen Todes“ und seines Zusammenhanges mit der socialpolitischen und wirthschaftlichen Entwickelung in Deutschland zu geben. Die Prüfung des umfangreichen Materials, das zum Theil den früheren Darstellern desselben Gegenstandes unbekannt oder unzugänglich war, förderte eine Reihe von Ergebnissen zu Tage, die von der traditionellen Auffassung wesentlich abweichen.

Von den verschiedensten Seiten habe ich reiche Unterstützung theils durch Erleichterung bei Benutzung von Bibliotheken und Archiven, theils durch freundlichen Nachweis und gütige Zusendung handschriftlichen Materials erfahren. Insbesondere fühle ich mich den Vorständen der Königlichen Bibliothek zu Berlin, der Königlichen und Stadt-Bibliothek Breslau, sowie den Herren: Archivrath, Professor Dr. Grünhagen und Stadtbibliothekar Dr. Markgraf in Breslau, Prof. Fredericq in Lüttich, Archidiakon Bertling in Danzig, Prof. Dr. Schum in Halle und Prof. Dr. Weissenborn in Erfurt verpflichtet. Die wichtige Datenbestimmung für das Gutachten der Pariser Facultät (Beil. III.) verdanke ich der Liebenswürdigkeit des Herrn Dr. Becker, ersten Assistenten der Berliner Sternwarte.

Vor allem aber schulde ich meinem verehrten Lehrer Herrn Geheimen Regierungsrath, Professor Dr. Meitzen warmen Dank, in dessen Seminar vor mehr als Jahresfrist die Anfänge dieser Arbeit entstanden sind, und welcher den Fortgang derselben mit regem Interesse und förderndem Beistand begleitet hat.

Berlin, den 22. September 1881.

R. Hoeniger.

DER SCHWARZE TOD IN DEUTSCHLAND.

Die Seuchen des Mittelalters haben von Seiten der Deutschen Geschichtschreibung nur eine flüchtige Berücksichtigung gefunden. Es ist das Verdienst der pathologischen Wissenschaft auf ihre Bedeutung hingewiesen zu haben. Die Geschichte des schwarzen Todes ist dementsprechend in umfassender Darstellung lediglich von Vertretern und vorwiegend unter den Gesichtspunkten medicinischer Interessen behandelt worden.

Nach der grundlegenden Arbeit Sprengels erschien im Jahre 1832 in Berlin die bekannte Monographie Heckers unter dem Titel: „Der schwarze Tod im vierzehnten Jahrhundert nach den Quellen bearbeitet für Aerzte und gebildete Nichtärzte."

Diese Darstellung von der Hand des Begründers der historischen Pathologie ist von der medicinischen Geschichtschreibung bis heute im wesentlichen festgehalten worden Noch 1879 schrieb Haeser, „dass spätere Forschungen dem von Hecker entworfenen Gemälde zwar einzelne Züge hinzugefügt, andere ergänzt oder schärfer hervorgehoben hätten, dass aber die Grundlinien des Bildes unverändert geblieben seien." Selbst Hirsch hat, trotz mancher Einschränkung und werthvoller Erweiterungen, in seiner Herausgabe der historisch-pathologischen Untersuchungen Heckers den Gedankengang seines Vorgängers in wichtigen Punkten unverändert gelassen. Neuerdings hat Martin die bisherigen Resultate der Forschung über Gang und Verbreitung des schwarzen Todes zusammengefasst und ein cartographisches Bild des Verbreitungsgebietes der Pest bis zum Jahre 1351 entworfen.[1]) Die Unzahl irriger Daten, welche dieses Kartenbild enthält, zeigt deutlich, wie unzulänglich unsere Kenntniss der Geschichte jener grossen Wanderseuche in ihrem chronologischen Verlauf und ihren äusseren Erscheinungen ist.

Die spätere Ueberlieferung hat die Aufeinanderfolge der Vorgänge verwirrt, eine ganze Reihe wunderlicher Dinge mit der Geschichte des schwarzen Todes in Zusammenhang gebracht und in den verwegensten Uebertreibungen einen Sagenkreis gebildet, der sich zum guten Theile bis heute erhalten hat.

Bei der geschichtlichen Behandlung des schwarzen Todes ist die Grenze mit voller Bestimmtheit weder für die Aufgabe des Mediciners, noch für die des Historikers zu ziehen. Aber wenn der Letztere über Ursachen und Natur der Krankheit, soweit sie als pathologische Fragen heranzuziehen sind, sich nur dankbar den competentesten Vertretern der epidemiologischen Forschung anschliessen kann, so vermag er seinerseits in der Kritik des Quellenmaterials den Gang der Ereignisse richtig zu stellen und so dem Mediciner ein zuverlässigeres Material zu unterbreiten, und es bleibt ihm ein Feld selbstständiger Thätigkeit in der Untersuchung der Cultur- und Wirthschaftsverhältnisse, in welche die Seuche des vierzehnten Jahrhunderts eingriff und in denen sie die Spuren ihres Eingreifens zurückgelassen hat.

Das einschlägige Quellenmaterial liegt seit kurzem fast durchweg in musterhaften neuen Ausgaben vor; einige bisher unedirte Handschriften sollen im Laufe der Untersuchung eingehender besprochen werden.

---

[1]) Sprengel, Beiträge zur Geschichte der Medicin, Halle 1794; Haeser, Lehrbuch der Gesch. d. Med. 3. Aufl. Jena 1879. Bd. III. (p. 98) Hecker, die grossen Volkskrankheiten des Mittelalters, ed. Hirsch. Berlin 1865; Martin, Versuch einer geographischen Darstellung einiger Pestepidemien in Petermann's geographischen Mittheilungen, Jahrgang 1879 Bl. 14. Durch Aufnahme in den Suppl.-Bd. 1879—80 von Meyers Conversationslexicon hat die Karte eine sehr weite Verbreitung gefunden. Die letzte Publication: „Lersch, Kleine Pestchronik, Zeiten und Zeichen der orientalischen Pest, Cöln 1880 ist eine kritiklose Compilation und bringt für das vierzehnte Jahrhundert nichts Neues.

Ueber die historischen Quellenwerke giebt Lorenz (Deutschlands Geschichtsquellen im Mittelalter seit der Mitte des dreizehnten Jahrhunderts. 2. Aufl. 1876.) genügende Auskunft [1]); die herangezogenen Urkunden sind meist in den Publikationen der localen Geschichtsvereine zerstreut; die medicinische Quellenliteratur ist in der Einleitung von Hirsch zusammengestellt [2]).

Eine Anzahl kürzerer annalistischer Aufzeichnungen, die über diese Periode hinaus, oder genau bis zu derselben hinanreichen, sind uns erhalten. Allein die Monumenta Germaniae bringen an neunzig solcher Annalen. Es ist im höchsten Grade auffallend, wie karg dieselben für die zweite Hälfte des vierzehnten Jahrhunderts, etwa bis in die siebziger Jahre sind. Bei zwei drittel dieser Aufzeichnungen ist für die genannte Periode eine vollständige Lücke zu constatiren und der Rest bringt mit fast alleiniger Ausnahme der österreichischen Geschichtsquellen nur ganz unzureichende, kurze Notizen.

Schon dieses Verhältniss des Quellenmaterials wirkt entmuthigend; aber selbst das Beste, was uns erhalten ist, giebt bei dem vollständigen Mangel an individuellem Gefühl und bei der staunenswerthen Gedankenarmuth der Geschichtschreibung des vierzehnten Jahrhunderts in Deutschland nur ein sehr blasses Bild. Ueber „rein äusserliche Beobachtung" kommen diese Chronisten nicht hinaus, „das Geschäft der

---

[1]) Die wichtigsten Schriftsteller für die Zeit Carls IV. sind in gedrängter Kürze von Huber besprochen, Böhmer, Regesta imperii Bd. VIII. p. LIII ed. Huber 1877. Von jüdischen Geschichtsquellen ist für Deutschland in der besprochenen Periode fast nichts vorhanden. Die ganz vereinzelten Notizen hat Graetz (Gesch. der Juden Bd. VII. p. 293 ff.) sorgfältig benutzt. Ueber die Schrift Emek habacha von R. Joseph ha Cohen (ed Wiener, Leipzig 1858) giebt der Herausgeber in der Vorrede und in den Anmerkungen das Erforderliche an.

[2]) Hecker-Hirsch l. c. p. 17. — Haeser druckt die werthvollsten Berichte in einem Anhang vollständig ab. l. c. Bd. III. p. 157—182. Einige hebräische Codices bespricht Steinschneider: Letteratura italiana dei Giudei in il. Buonarotti continuati per cura di E. Narducci. Vol. XI. Roma 1876. p. 92 ff. u. 113 ff.

Geschichtschreibung", urtheilt Lorenz (l. c. B. I. p. 39.) erhebt sich nicht allzuhoch über das Geschäft des Schreibens und zwar des Abschreibens im eigentlichen Sinne". Die wenigen Reflexionen, die sich in den Berichten deutscher Chronisten über die Pest finden, weisen fast sämmtlich auf eine gemeinsame Quelle hin und kehren ausnahmelos bei allen späteren Abschreibern wieder. Es sind meist briefliche Nachrichten aus Avignon, wo zur Zeit der Papst residirte, die von den Chronisten copirt werden; bei verschiedenen von ihnen finden wir den Schmerzensruf wieder, der zuerst in Avignon ertönte: caritas mortua, spes prostrata. In fast scherzhafter Weise ist ein Satz variirt, der die Lockerung heiligster Familienbande in Folge der Gefahr der Ansteckung erwähnt, dass der Vater den kranken Sohn und der Sohn den kranken Vater meide[1]). Tochter und Mutter, Bruder und Schwester, Onkel und Neffe u. s. f. treten uns in immer neuen Combinationen aller Verwandschaftsgrade entgegen.

---

[1]) Beide Wendungen finden sich nebeneinander bei dem Avignoner Arzte Chauliac, Haeser, l. c. Anhang, III. p. 175: et pater non visitabat filium, nec filius patrem; charitas erat mortua spes prostrata.

In dem kürzlich in Lemberg aufgefundenen Schluss der älteren Chronik von Oliva (Script. rer. Prussic. V p. 619 ff.) vermuthete schon Perlbach die Abschrift eines Briefes aus Avignon. Durch das breve chronic. clerici anonymi (de Smet, Receuil des chroniques de Flandre III p. 14—18) wird diese Annahme zur Gewissheit. Mit Angabe des Absenders und des Adressaten, sowie mit genauer Datirung (dat. Avignon, Sonntag d. 27. April 1348) wird dasselbe Schreiben, das der Olivaer Mönch copirt hat, wörtlich und vollständig mitgetheilt. Schon diese frühe und gleichzeitige Benutzung des Schreibens in Flandern und im Ordenslande lässt auf die rasche und weite Verbreitung desselben schliessen, unzählige Anklänge an dasselbe beweisen, dass es vielfach den Berichten der Chronisten über die Pest in Südfrankreich und Italien zu Grunde liegt. „nec pater visitat filium, nec mater filiam etc. ist hier vermuthlich original. De Smet. l. c. p. 15. Script. rer. Trussic. V. 620.

Lorenz, (l. c. II. 20) erwähnt bei Besprechung der flandrischen Grafengeschichte in einer Anmerkung das brev. chron. clerici anonymi und fährt im Text unmittelbar fort: „mit gleichzeitigen Nachrichten hat man es hier nirgend zu thun". Es ist nicht ganz ersichtlich, ob sich diese Worte auch auf die erwähnte Chronik beziehen; wie ein Blick in den Text lehrt, ist sie unter dem unmittelbaren Eindruck der Vorgänge niedergeschrieben.

Wie farblos aber selbst im Localton diese Berichte sind, das zeigen recht drastisch zwei Handschriften von Mathias Nüwenberg's Chronik. (Böhmer, Font. rer. Germ. IV ed. Huber Vorr. XXXV). Während die ältere neben den allgemeinen geschichtlichen Ereignissen vorwiegend Strassburg berücksichtigt, beziehen sich die wenigen, ganz unwesentlichen Zusätze der zweiten auf die Pfalz und die Städte am Mittelrhein. Bei dem Capitel: de principio pestilencie et flagellationis ist der Wortlaut vollständig gleich, nur ist in der zweiten Handschrift statt Strassburg regelmässig Speier gesetzt.

Dazu kommt noch ein weiterer Uebelstand. Unter dem Einfluss des furchtbaren Schreckens, der der Pest voranging und sie begleitete, hörte die kritische Prüfung der von allen Seiten eingehenden, oft in's Unendliche übertriebenen Nachrichten noch mehr als sonst auf, und so finden wir selbst bei Zeitgenossen die schauerlichsten Märchen über Umfang und Verbreitung des Weltsterbens.

Eine derartige Beschaffenheit des Quellenmaterials musste der Legendenbildung den weitesten Spielraum lassen; und in der That haben sich eine Unzahl falcher Angaben in die spätere Tradition eingeschlichen.

Zwei Bewegungen sind es, die unmittelbar mit der Geschichte des schwarzen Todes verknüpft, hierzu die Veranlassung geboten haben: die Geisselfahrten und die Judenverfolgungen.

Nach der heute allgemein verbreiteten Annahme stellt sich die Reihenfolge der Ereignisse: Schwarzer Tod, Geisselfahrt, Judenmord. Das ist wesentlich zu modificiren. Wenn man überhaupt derartige, von Ort zu Ort schreitende historische Vorgänge, die einen längeren Zeitraum ausfüllen und sich auf ihren Wegen wiederholentlich kreuzen, generalisirend datiren darf, so gilt für Deutschland wenigstens: Judenmord, Geisselfahrt, Pest.

Bevor ich daher an die Untersuchung des Ganges und

der geographischen [1]) Verbreitung des schwarzen Todes in Deutschland herantrete, will ich in Kürze die Datirung der Judenverfolgungen und der Geisselfahrten erledigen.

Die Judenverfolgung aus Anlass der angeblichen Brunnenvergiftung nahm ihren Anfang in Südfrankreich (Emek habacha p. 50). Hier war der schwarze Tod mit Beginn des Jahres 1348 erschienen. (Chauliac. bei Haeser III. p. 175.)[2]). Im Mai hören wir von dem ersten Judenbrande[3]).

Von der Provence hatte sich das Gerücht westwärts nach Catalonien und Arragonien verbreitet, aber die Verfolgungen in Spanien erscheinen im Vergleich zu dem Massenmord in Deutschland geringfügig.

Aus der Erzählung des Avignoner Arztes Chauliac[4])

---

[1]) Schon Ficker (Einl. zu Böhmer's Acta imperii p. LIX. ff.) und Huber. (Regg. imp. VIII. p. XII. ff.) haben darauf hingewiesen, dass für das vierzehnte Jahrhundert die geographische Abgrenzung der Länder besonders schwierig sei, „weil wir uns in einer Uebergangsperiode befinden, in welcher die alten geschichtlichen Eintheilungen ihre Geltung verloren, und neue feststehende wie die spätere Kreiseintheilung sich noch nicht gebildet hatten". Im allgemeinen habe ich mich an die von Ficker gegebene und von Huber recipirte Eintheilung der grossen Reichslande gehalten, „wie sie theilweise in näherem Anschluss an die Stammesunterschiede, theilweise unter dem Einfluss geschichtlicher Wechselfälle sich gestaltet haben".

[2]) Vergleiche über die Dauer der Pest ein Schreiben Clemens VI. an Karl IV. Raynald. Ann. ecclesiastici ad. a. 1348 § 22.

[3]) Nach einer Notiz in einem Pentateuchcodex der Wiener Bibliothek wurden die Juden in einer Stadt der Provence, deren Namen nicht ermittelt ist, in der Woche vom 11.—17. Mai verbrannt. Ob das die erste Verfolgung dieses Jahres war, ist nicht festzustellen; Diessenhofen (Font. rer. Germ. IV. p. 69) berichtet, dass bis in den November 1348 die Verfolgung in Arelat gewährt habe. Die Schrift Emek habacha giebt die Dauer derselben auf neun Monate an, (l. c.) demnach hätte sie bereits im Februar ihren Anfang genommen.

[4]) de causa istius ingentis mortalitatis multi haesitaverunt. in aliquibus crediderunt partibus, quod Iudei venenassent mundum. et ita inter-

erfahren wir, dass der Verdacht der Brunnenvergiftung nicht die Juden allein traf, bald die Aussätzigen und Armen, bald die Reichen und Vornehmen werden des unsinnigen Frevels beschuldigt und fallen einer blinden Verzweiflung zum Opfer.

Auch in Deutschland wurden mit der Kunde von der herannahenden Pest derartige Gerüchte laut[1]), aber sehr bald concentrirte sich die Anklage auf die Juden allein. Und so tief war der Hass, der in diesen Verfolgungen zu Tage trat, dass, wo keine Juden ansässig waren, wie im Ordenslande, wo ihnen seit 1343 der Aufenthalt verboten war, (Chron. des Simon v. Grunau ed. Perlbach. I. p. 600) die getauften Juden ermittelt und verbrannt wurden. Durch Savoyen und Burgund drang wie ein Lauffeuer die Anklage nach der Schweiz. Im September 1348 erpresste die Folter am Genfer See den Juden das Geständniss der Schuld[2]). In Zürich wird bereits am 21. September 1348 der feierliche Beschluss gefasst, in Zukunft nie wieder Juden in die Stadt aufzunehmen. (Schudt. Jüdische Denkwürdigkeiten I, 133.)

Mit der peinlichsten Gewissenhaftigkeit hat Heinrich von Diessenhofen uns die Datirung der Judenverfolgungen überliefert[3]). Im November 1348 findet der Judenbrand in Solothurn, Zofingen, Stuttgart und Augsburg statt, im December folgen Landsberg, Burren, Memmingen, Lindau, Ess-

---

fecerunt eos. in aliquibus pauperes truncati et effugiebant eos, in aliis nobiles. et ita dubitabant ire per mundum. Guidonis de Cauliaco Chirurgia. Tract. II. cap. V. bei Haeser III. p. 175.

[1]) Suspicabatur etiam hec infectio et intonixatio fieri a quibusdam generosis et honestis. Ann. Mats. M. G. Script. IX. p. 830.

[2]) Urkundliche Belege bei Schilter in den Anmerkungen zu Königshofen p. 1030 ff.

[3]) Böhmer. Font. IV. 69 ff. „So wenig die schriftstellerischen Leistungen Heinrich's hoch anzuschlagen sein mögen, so dankenswerth sind seine Angaben über Einzelnes schon deshalb, weil sie in Bezug auf die Chronologie mit so grosser regestenartiger Sorgfalt gemacht sind und meist neben der Jahresangabe, was so selten ist, auch die Tagesbestimmung enthalten.“ Lorenz. l. c. I. p. 76.

lingen dem Beispiel; im Januar 1349 — um nur die bedeutendsten Plätze zu nennen: — Basel, Freiburg, Speier, Ulm, daran schliessen sich im Februar: Strassburg, Schaffhausen, St. Gallen, Gotha, Eisenach, Arnstadt, Würzburg, Ilmenau, Frankenhausen, Dresden, im März: Worms, Constanz, wo die Juden bereits seit Anfang Januar in Haft sassen, Baden und Erfurt.

Wie ein Schlag in's Wasser immer weitere Wellenbogen zieht, so pflanzt sich die Bewegung von der Südwestgrenze Deutschlands her über das Reichsgebiet fort. Am 24. Juli 1349 werden die Juden in Frankfurt a. M. verbrannt, am 24. August in Mainz und Cöln. Im September finden die letzten Schutzjuden des Herzogs von Oesterreich in Crems ihren Tod[1]).

Von Cöln bis nach Oesterreich sind damit die Juden vertilgt und Diessenhofen schliesst seinen Bericht: „et crederem finem Hebreorum advenisse, si tempus predicationis Helye et Enoch completum iam esset, quod quia completum non est, necesse est, ut aliqui reserventur, ut impleatur illud quod scriptum est, quod corda filiorum convertent ad patres et patrum ad filios. Sed in quibus partibus reserventur mihi cognitum non est, sed reor quod in ultramarinis

---

[1]) Die meisten Orte erwähnt Diessenhofen. Für Sachsen und Thüringen giebt das Chronicon Sampetrinum die näheren Daten: cf. auch Chronic. parv. Dresdense ap. Mencken. Script. rer. Germ. II. p. 350 und Chron. vetero. — Cellense minus, ibid p. 443. Augsburg: Hegel. Chroniken Deutscher Städte IV. p. 220. Basel: Chron. d. Nic. Stulmann im 32 Jahresbericht des hist. Kreisvereins für Schaben und Neuenburg p. 30., Math. Nüw, Böhm. Fontes IV. p. 262. Strassburg: Closener und Königshofen. Chroniken Deutscher Städte VIII. p. 130. IX. 763. Worms: Graetz l. c. VII. 394, cf. Regg. Imp. VIII. No. 902. Frankfurt: Ann. Francof. Fontes IV. 395. Cöln: Ann. Agrippin. M. G. SS. XVI. p. 738. Hegel Chron. d. St. XIV. Anh. G.

Die vollste Bestätigung erhalten diese Daten durch hunderte von Urkunden, die von Fürsten und Städten in Sachen des zurückgebliebenen Judengutes erlassen werden. Sehr zahlreich sind besonders die diesbezüglichen Documente Carl des vierten seit Ausgang des Jahres 1348. cf. Regg. imp. VIII.

partibus pocius quam in istis gens ac semen Abrahe reservetur.“ (l. c. p. 71.)

In Norddeutschland, wo die Juden nur spärlich wohnten, ging es weniger blutig zu als am Rhein, an der Donau und in Mitteldeutschland [1]).

Für die Mark Brandenburg geben einige Urkunden merkwürdige Aufschlüsse.

Am 23. April 1349 [2]) nimmt der Rath der Altstadt Salzwedel die Juden in seinen besonderen Schutz.

Am 26. November 1349 (ibid XI. p. 309) gebietet Markgraf Ludwig dem Rath von Spandau die in der Stadt wohnenden Juden treulich so lange zu hegen und vor ungerechten Beleidigungen zu schirmen, bis er einen Gegenbefehl ertheilen würde.

Am 30. November 1349 (XXIV. p. 48) versöhnt sich der Markgraf mit den Juden am rechten Oderufer und dankt den Stadtobrigkeiten für den den Juden in seiner Abwesenheit geleisteten Schutz.

Am 6. April 1350 (XXIV. p. 50) endlich verschreibt er seinen Juden das Recht fremde Juden bei sich aufzunehmen und gewährleistet ihnen Allen volle Handelsfreiheit und rechtlichen Schutz.

Zu einer Zeit also, wo nirgend in Deutschland der Jude Sicherheit des Lebens und des Eigenthums fand, öffnet ihm ein Landesherr unter den günstigsten Bedingungen sein Gebiet. Dass übrigens lediglich die Aussicht auf eine ergiebige Einnahmequelle den Markgrafen leitete, erhellt aus der in naiver Weise jeder diesbezüglichen Urkunde angehängten Klausel betreff des Judenzinses.

In diese Periode gehört auch eine undatirte Urkunde aus Perleberg (III. p. 381). In derselben verspricht der

---

[1]) Ueber ihre Vertreibung aus Westfalen: A. Gierse. Gesch. der Juden in Westfalen, Naumburg 1878. p. 36 u. 48. — Für Mecklenburg: Donath. Gesch. d. Juden in Mecklenb. 1874. p. 21. 27. 34. — Für die Seestädte: Hansarecesse I. p. 78 ff.

[2]) Riedel. Codex Dipl. Brandenb. A. XIV. p. 94.

Rath den Juden vollen Schutz, dann fährt das Schriftstück folgendermassen fort: „si manifestum fuerit a veridicis hominibus et probatum, quod Judei dicti forent causa mortis christianitatis et fuissent et adhuc fierent, quod absit, pro eo sustinebunt sicut forma iuris postulat et requirit“.

Für die nächsten Monate fehlt dann jede weitere Nachricht über das Schicksal der Juden; erst vom 21. Oct. 1350 datirt die nächste Urkunde. An diesem Tage verschenkt Ludwig einen Judenhof und die Synagoge in Berlin (XIX. p. 19).

Am 23. Februar 1351 (XIX. p. 223) bekundet Johann von Wedel, Vogt des Markgrafen Ludwig, auf Befehl des letzteren und mit Hülfe des Rathes sämmtliche in Königsberg in der Mark wohnenden Juden verbrannt und ihr Vermögen eingezogen zu haben.

Und am 22. Juli 1351 (Riedel. Cod. Dipl. Brandenb. B. II. 334) verspricht Ludwig in dem Frieden, den er mit den aufrührerischen Städten Berlin und Cöln schliesst: „alle geschichte di geschien sind . . . an den Joden, di scholen gänzlicken uth unsern herten beschloten sin und scholen si of lief hebben, alst eft dat nie geschien were.“ —

Wirksamer durchgeführt erscheinen die Schutzmassregeln für die Juden in Mähren und Böhmen[1]).

In Schlesien sind nur in Breslau, Brieg und Guhrau nachweislich Verfolgungen vor sich gegangen[2]).

In Polen vollends fanden die Verfolgten unter Kasimir

[1]) Kore Haddoroth. Beiträge zur Gesch. der Juden in Mähren von Friedländer. Brünn 1876. p. 8. In Böhmen hat nur Eger einen Judenmord gesehen. Am 18. Mai 1350 verzeiht Karl IV. der Stadt Eger den Judenmord, nachdem die Oberen der Stadt, welche solches sehr bedauerten, ihn wegen der Unthat schnell zufrieden gestellt haben. Regg. imp. VIII. No. 1293. In der Grafschaft Glatz, die damals zu Böhmen gehörte, dauert die geschäftliche Thätigkeit der Juden ununterbrochen fort. Das Glatzer Mannenrechts-Protokollbuch (Bresl. Staatsarchiv D. 364b).

[2]) Correspondenz des Breslauer Rathes mit König Karl IV. ed. Grünhagen, Arch. f. Kunde österr. Gesch. XXXIV. Sep. Abdr. p. 16. — Oelsner, Urk. z. Gesch. d. Juden in Schlesien im Arch. f. Kunde österr. Gesch. XXXI. p. 109.

gastfreie Aufnahme und sicheren Schutz. Ein Zeitgenosse, Matteo Villani, berichtet zwar zum Jahre 1348 von dem Wüthen der Pest in einem Theile Polens, welcher an das deutsche Reich grenzte [1]) und fährt dann fort: „das Volk sah in dem Aufenthalt der Juden die Schuld an der Seuche. Die Juden hierüber erschrocken, sandten ihre Aeltesten an den König, dem sie grosse Summen Geldes und eine Krone von unberechenbarem Werthe schenkten und baten ihn um ihren Schutz. Der König wollte die Juden schützen, aber das wüthende Volk war nicht zu beruhigen und nahe an 10,000 Juden kamen durch Schwert und Flammen um, und ihr Vermögen verfiel dem Fiskus“ (Sternberg. Gesch. d. Juden in Polen. Leipz. 1878 p. 60). Ein hebräisches Klagelied [Amude ha aboda (columnae cultus) ed Landshuth, Berlin 1857. Anh. p. VI.] erwähnt für die Zeit der grossen Pest jüdische Märtyrer in Kalisch, Krakau und Glogau; wie ich unten aber nachzuweisen habe (p. 35) gehört diese Mittheilung zum Jahre 1360.

Die polnischen Chronisten wenigstens wissen nichts von diesen Vorfällen, dagegen ist es bekannt, dass zur Zeit der Verfolgungen in Deutschland eine starke jüdische Einwanderung nach Polen stattfand.

Allgemein verbreitet ist die Auffassung, dass der Einfluss einer jüdischen Geliebten bei Kasimir die Begünstigungen der Juden erwirkt habe. Esther wurde jedoch erst 1356 die Concubine des Polenkönigs (Sternberg. l. c. p. 62) und schon 1334, also 22 Jahre früher, sind von Kasimir die Boleslaw'schen Privilegien zum Schutz der Juden erneuert worden. Es gehört demnach auch diese romanhafte Combination in das Reich der Fabel.

---

[1]) „confinanti con la terre d'ell Imperio“ Muratori. Script. rer. Italic. XIV. ad. a. 1348. Die Annahme von Grätz, dass damit Schlesien gemeint sei, löst die Widersprüche in keiner Weise.

In der äussersten Ostmark des Reiches, ohne jeden Zusammenhang mit der Beschuldigung der Juden, beginnt die zweite Bewegung.

Aus Zwettel hören wir den Ursprung der Geisselfahrt als Präventivmassregel gegen die Pest erklärt [1]). Dieser Zusammenhang wird noch schärfer in dem Calendarium Zwetlense betont, dasselbe führt die Geissler mit den Worten „pestilentiam prevenientes“ (Script. IX. p. 692) ein, und die continuatio Claustroneoburg. quinta endlich lässt die Pest erst „finita ista secta“ erscheinen. Alle diese unter einander in engem Zusammenhange stehenden österreichischen Annalen datiren die Geisselfahrt von Januar bis Ostern 1349.

Einen eingehenderen Bericht giebt die Neuberger Fortsetzung der Melker Annalen (Mon. Germ. S. S. IX. p. 675). Nachdem der Ursprung der Pest „ultra in partibus orientalibus“ und ihr Wüthen in Griechenland und Italien a. 1348 erwähnt ist, fährt der Bericht zum selben Jahre fort: „demum pestilentia serpendo pervenit ad Karinthiam, demum Styriam vehementer occupavit, ita ut homines desperati incederent et amentes . . . , denuo omnes intermittentes divine ordinationi; ob hanc causam, ut Deus misericorditer intueretur genus humanum, inchoata fuit penitentia manifesta ubique . . . consuetudo huius castigationis duravit a festo sancti Michaelis usque ad pascha.“ Uebereinstimmend mit dieser früheren Datirung meldet eine Deutsche Chronik aus Klosterneuburg [2]) zum Jahre 1348: „hie in osterreich hueben sich die buessleut an und gaisleten sich bitterlich hin und her im landt“ und fährt zum Jahre 1349 fort: „das jar hueb sich senfftlich an, . . . es kamen aber vill buessleut herauf von haimburg. es geschachen woll 12 schauer und erschluegen wein undt traydt und umb s. gilgen tag [3]) hueb sich an ain grosser sterben“

---

[1]) Quatenus pestilencia que tunc in quibusdam locis prevaluerat cessaret. Contin. Zwettl. M. G. Script. IX. p. 685.

[2]) Kleine Klosterneub. Chron. ed. Zeibig Arch. für Kunde österr. Gesch. VII. p. 233.

[3]) S. Aegidius 1. Sept.

Es hat demnach schon im Herbst 1348 die Selbstgeisselung in Oesterreich ihren Anfang genommen; wahrscheinlich im Anschluss an Bittprocessionen um Abwendung der herannahenden Pest, aber erst mit Beginn des Jahres 1349 scheint diese Bussübung allgemein Verbreitung und jene feste Form gewonnen zu haben, die in ihren Satzungen zu Tage tritt. Mit dieser Annahme löst sich auch der Widerspruch in der Datirung; es sind zwei Stadien der Bewegung zu unterscheiden: das erste, da sie noch völlig formlos, ihren lokalen Charakter bewahrte; das zweite, da planmässige Agitation sich ihrer zu eigenen Zwecken bemächtigte und ihr allgemeine Verbreitung verschaffte. Es ist kein Zweifel, dass echt religiöser Sinn den Sporn zu dieser Bewegung gegeben, ebenso unleugbar aber hat dieselbe in kurzer Zeit eine Richtung eingeschlagen, die wesentlich socialpolitische Ziele im Auge hatte. Den Charakter der Selbstgeisselung zum Zweck der Besänftigung des göttlichen Zornes und damit der Abwehr der drohenden Seuche hat diese Bussübung fast durchweg bewahrt; es hängt mit dieser grobsinnlichen Auffassung zusammen, dass an vielen Orten die Bussübung ihr Ende fand, sobald die Pest am Orte erschien, und damit die Ohnmacht dieser Präventivmassregel zur Evidenz erwiesen war.

Die Verbreitung der Geisselfahrt war in kurzer Zeit in Deutschland eine pandemische: es giebt keine Landschaft, in der ihr Auftreten im Frühjahr oder Sommer 1349 nicht bezeugt wäre. Einige Daten geben ein Bild von der Schnelligkeit ihrer Ausdehnung. Am 1. März sind die Geissler in Böhmen, wenige Tage später in Dresden, am 17. April erscheinen sie in Magdeburg, fast gleichzeitig in Lübeck, am 6. Mai in Würzburg, am 19. Mai in Augsburg, Mitte Juni erreichen sie Strassburg und Constanz und Ende Juli die Flandrischen Städte [1]).

---

[1]) Böhmen: Beness de Waitmil. Dobn. Mon. hist Bohem. IV. p. 34. Dresden: Chronic. parv. Dresd. Mencken Script. II. p. 350. Magdeburger Schöppenchron. Hegel Städtechroniken VII. p. 204. Würzburg: Buder

Sehr bald hatten sich gerade die bedenklichsten Elemente aus just nicht religiösen Motiven dieser Bewegung angeschlossen, und bevor noch die päpstliche Bulle vom 20. October 1340[1]) die Geisselfahrt untersagte, hatten bereits einzelne Communen den Flagellanten den Eintritt in ihre Mauern verwehrt, gewöhnlich auf Betreiben des Clerus, der in der convulsivischen Bewegung eine drohende Gefahr für seine Herrschaft erkennen musste. Mit dem Bekanntwerden der oben citirten päpstlichen Bulle hört die Bewegung ganz plötzlich auf. Weltliche und kirchliche Macht vereinigen sich, um mit Feuer und Schwert derselben ein rapides Ende zu bereiten.

An dieser Stelle will ich noch auf den Zusammenhang hinweisen, in welchen die Flagellanten zuweilen mit den Judenverfolgungen treten. Die Flagellanten sind es, die am heftigsten den Judenmord verlangen, wo der Schutz der Obrigkeit denselben bis zu ihrem Auftreten verzögert hatte. Papst Clemens VI., der seinen Juden in Avignon volle Sicherheit zu verschaffen wusste, hat in seinem Verdammungsurtheil gegen die Flagellanten diesen Punkt besonders scharf hervorgehoben[2]).

Wie steht nun zu diesen beiden Bewegungen Gang und Verbreitung des schwarzen Todes?

Von den Ufern des schwarzen Meeres bis zu den Säulen des Herkules hatte 1348 die Pest die ganzen Südküsten

---

Sammlung nützl. Schriften etc. p. 471. Augsb.: Hegel Städtechron. IV. 221 u. 246. Lübecker Chroniken ed. Grautoff, Detmar. p. 275. Strassb.: Nüwenb. Böhm. Font. IV. p. 266. Const.: Diessenh. Font. IV. p. 74. Flandern Receuil des chron. de Flandre II. 347.

[1]) Regg. imp. VIII. Päpste, Clem. No. 28.

[2]) „Clemens pretendit quoque in processu Flagellatorum quod sicut manus in necem Judeorum, quos pietas christiana defendit, laxarunt, simile de eis contra probos alios sit temendum.“ Math. Nüwenb. Böhmer. Font. rer. Germ. IV. p. 275.

Europas durchwandert. In Dalmatien, Oberitalien und Südfrankreich war eine ununterbrochene Reihe von Ansteckungsheerden in Wirksamkeit. Auf mehr als einem Wege hat dementsprechend die Pest ihren Einzug in Deutschland gehalten. Es muss der Localgeschichte überlassen bleiben, für jeden Ort das erste Auftreten nachzuweisen. Wenn ich mich nicht ganz im Detail verlieren wollte, musste ich mich damit begnügen eine Reihe von Etappen der Krankheit zu eruiren, die wenigstens in grossen Zügen ein Bild des Ganges und der Verbreitung derselben geben.

Ohne nähere Zeitangabe erfahren wir aus der oben citirten Neuberger Fortsetzung der Melker Annalen, dass 1348 die Pest aus Oberitalien nach Kärnthen und Steiermark Eingang gefunden hat. Den Ausbruch der Pest in Kärnthen setzt auch die continuatio annalium Frisacensium (M. G. Script. XXIV. p. 67) ohne nähere Angabe in das Jahr 1348. Für Neuberg, ein steirisches Kloster im Mürzthale, wird die Ansteckung zum 11. November 1348 gemeldet [1]).

Im Herzogthum Oesterreich erscheint die Seuche nach dem übereinstimmenden Bericht aller Quellen erst im Jahre 1349 [2]).

In den Neuberger Annalen folgt zu diesem Jahre (p. 676) „pestis vero contagiosa predicta successive pervenit usque ad Wyennam . . . et duravit a festo penthecostes usque Michaelis." Ueber den weiteren Gang der Ansteckung schreiben die Matseer Annalen (S.S. IX. p. 829) „1349 sevivit crudelissima pestilentia in Wyenna . . . in Patavia . . . lustrabat autem hec pestilentia totum orbem non simul et semel, sed successive. Cum itaque pestis et decessus hominum prochdolor nimis atrociter lustrasset multos provinciarum fines, venit in Babariam, videlicet in Muldorf, ubi, ut dice-

---

[1]) deinde circa festum s. Martini declinavit ad terminos Novimontis pestilentia. M. G. S.S. p. 675.

[2]) Annalium Mellic. contin. Mellic. S.S. IX. p. 531. Calend. Zwet ibid. p. 692. Ann. Mellic. contin. Claustroneob. p. 736. Die Deutsche Klosterneub. Chron. ist bereits oben (p. 12) angeführt.

batur, a festo Michaelis preteriti anni decesserunt 1400 de pocioribus ibidem hominibus. Item in Prawnau sepius uno die moriebantur sedecim et in Monaco et in Lantzhuta . . . sevivit mors."

Demnach hätte die Pest bereits von Michaeli 1348 an ihre Opfer mitten in Baiern gefordert, und zwar zunächst in Mühldorf, denn auf die anderen namentlich erwähnten Orte lässt sich die Datirung nicht ausdehnen. Einige Zweifel an der Sicherheit derselben lassen sich nicht abweisen, da sich nirgend ein Anhalt für ein so frühes Auftreten der Pest in Baiern finden lässt. Nichts liegt hier näher, als dass dem Matseer Schreiber ein Aktenstück aus Mühldorf vom Jahre 1350 vorlag, — in dem benachbarten Salzburg, wohin Mühldorf zinste, musste es ihm leicht zugänglich gewesen sein — durch einen lapsus ist dann beim Eintragen in die annalistischen Aufzeichnungen zum Jahre 1349 die Rectificirung des Ausdrucks unterlassen. Wenigstens ist sonst nicht ersichtlich, warum der Schreiber Mühldorf mit so exceptioneller Datirung mitten in den breiten Strom der Pestbewegung hineinsetzt. Er erwähnt Wien und Passau, Mühldorf mit besonderer Betonung, das damals eine salzburger Enclave im Bairischen war, dann Braunau, München und Landshut.

Conrad von Megenberg, der zu Regensburg Ausgang des Jahres 1349 sein „Buch der Natur," (ed. Pfeiffer. Stuttgart 1861) die älteste in deutscher Sprache verfasste Naturgeschichte, niederschrieb, erwähnt die Pest für das Jahr 1348 in Südfrankreich, Italien und Kärnthen und fährt dann fort: „aber gar viel volkes starb in dem naehsten jar dâ nâch (also 1349) in der stat zu Wienne in Oesterreich . . . und streckt sich der sterb auf gegen Paiern und ze Pazzaw und viel verrer" (p. 110).

Durch Kärnthen und Steiermark hat also der schwarze Tod den Weg nach Oesterreich gefunden, von hier hat er sich einerseits nach Mähren gewendet[1]), andrerseits hat er

[1]) Am 6. u. 21. December 1351 verspricht Johann, Markgraf von Mähren, jenen, welche sich in den durch die Pest entvölkerten Städten Brünn

in westlicher Richtung nach Baiern hinübergegriffen, auch hier nur sehr allmälig vorschreitend, Regensburg wird erst im Sommer 1350 erreicht[1]).

In breiter Frontentwickelung hatte das Vorrücken der Pest von Süden her begonnen. Es hat fast den Anschein, als wenn nur im äussersten Süd-Osten, durch Kärnthen und Steiermark ein vollständiger Durchbruch des Alpenwalles, der Deutschland gegen Süden schützt, gelungen wäre. In die Schweiz wenigstens hat die Pest von Westen[2]) her durch das Rhonethal ihren Einzug gehalten. Justinger's Berner Chronik (ed Studer. Bern 1871. p. 111.) berichtet: „Do man zalte von gots geburt 1349 jar, waz der grösste sterbot in aller der werlte, der vor oder sider je gehört wart. Der sterbot kam von der sunnen undergang und gieng gegen der sunnen ufgang. Eine nähere Angabe über die Zeit der ersten Krankheitsfälle giebt Justinger nicht, er erwähnt nur, dass im Winter 1349 die Pest bereits überstanden war[3]), so dass muthmasslich ihre Herrschaft schon früh im Jahre begonnen haben muss. Nach dem Missale von Pfävers (Weggelins Regesten v. Pf. No. 193) herrschte die Pest allda vom Mai bis November 1349. Die Annalen der Pfarrkirche von Ruswil, einem Pfarrdorf bei Luzern, (Der Geschichtsfreund, Mitth. des hist. Vereins der 5 Orte Luzern, Uri, Schwyz etc. 1861. Bd. XVI. p. 21) datiren die Pest vom 29. Juli 1349; für Engelberg im Aargau (Ann. Engelb. M. G. S.S. XVII. p. 281) ist die Dauer vom September 1349 bis Januar 1350 angegeben; für Con-

---

und Znaim niederlassen würden, Steuerfreiheit auf vier Jahre. Cod. Diplom. Morawiae VIII. q. 95 und 97.

[1]) 1350 umb. S. Jacobstag hueb sich der sterb gemeiniglich in der welt, das der mensch ein drüs gewann und starb darnach an dem dritten tag." Anonymi hist. rer. Ratispon. apud Oefele. Script. rer. boic. II. p. 507.

[2]) In Burgund war die Seuche von Südfrankreich her bereits 1348 erschienen. De Smet, Receuil des chroniques de Flandre III. p. 19.

[3]) ibid. p. 112. (1349) Darnach uf sant steffenstag (Dec. 26) zugent die von Bern us . . . und wan es zestund nach dem grossen tode waz . . .

stanz berichten die Constanzer Jahresgeschichten von 1256 bis 1388 (Mone. Quellensammlung I. p. 302) den Höhepunkt der Krankheit zum Winter 1349. Eine Constanzer Weltchronik aus dem Ende des vierzehnten Jahrhunderts. (ed. Kern 1868 in der Ztschrft. für Gesch. Freiburgs Bd. I.), das älteste Stadtbuch von Luzern, (d. Geschichtsfr. l. c. p. 21. Anm.) und die Chronik des Nicolaus Stulmann, (32. Jahresbericht des hist. Kreisvereins für Schwaben und Neuenburg. Jahrgang 1866. p. 29), welche Nachrichten aus St. Gallen und Lindau enthält, nennen sämmtlich nur das Jahr 1349 ohne nähere Datirung.

Das vorgelagerte Hochgebirge, an dem das Centrum des Pestangriffs gegen Deutschland sich staute, hat demnach der von Südfrankreich ausgehenden Ansteckung einen Vorsprung gegeben und dadurch eine Schwenkung des linken Flügels bewirkt, so dass sich Deutschland durch einen Flankenangriff von Westen her bedroht sah.

In der That ist die Krankheit in der oberrheinischen Tiefebene früher als an den Ufern des Bodensee's erschienen. Von Burgund her mag sie durch das Thal des Doubs, jene merkwürdige Einsenkung, welche das Juragebirge von den Vogesen trennt, und die seit alter Zeit eine wichtige Verkehrslinie vom südöstlichen Frankreich nach Deutschland gewesen, hier Eingang gefunden haben [1]).

In Strassburg langte die Seuche im Juli 1349 an und währte bis zum October (Städtechroniken VIII. p. 105. IX. p. 759 u. 769).

Ueber das Verbreitungsgebiet der Pest in der ersten Hälfte des Jahres 1349 ist uns eine interessante ‚Tagesnachricht‘ erhalten. In der von Closener mitgetheilten

---

[1]) Die werthvollsten Aufschlüsse würden hier Baseler Nachrichten geben müssen. In dem Erdbeben vom 1356, welches die Stadt völlig zerstörte, ist auch etwa vorhandenes geschichtliches Material zu Grunde gegangen. Meyer-Merian, der grosse Sterbent, die Judenverfolgungen und Geisselfahrten in Basel, in: „Basel im vierzehnten Jahrhundert, 1856“ giebt keinen näheren Aufschluss und steht in seiner Darstellung völlig unter dem Einfluss der Hecker'schen Anschauungen.

Geisslerpredigt heisst es (Städtechroniken VIII, p. 117) „Allen den sol wesen kunt, die diesen brief gesehent oder gehorent lesen, dass von Pullen bitze zu Sicilien und in Cippern und von Cippern bitze zu Tüschau und in Cadan, zu Jenue bitz gen Avion, und nider von Avion bitz zu Loyn, von Loyn bitz zu Roma und indewendig in allen iren gebieten, und in Badouwe[2]) und in iren gebieten der dirte mensch nüt lebet. nu ist der dot kummen bitz gen Bern und in Kernden und in Oesterreich und har bitz in Elsass". Die Flagellanten, die solche Kunde um die Sonnenwende des Jahres 1349 nach Strassburg brachten, hatten von Oesterreich her ganz Deutschland durchzogen. Durch Kärnthen und Steiermark nach Oesterreich, durch das Rhonethal nach der Schweiz und von Burgund her nach dem Elsass war die Krankheit bereits eingeschleppt; also nur die Grenzdistrikte im Südosten und Südwesten sind bis zum Beginn des Sommers 1349 inficirt und die im Vorhergehenden gegebene Darstellung des Ganges der Seuche wird durch diese Notiz wesentlich sicher gestellt.

Für die mittelrheinischen Städte sind wir fast lediglich auf Frankfurter Aufzeichnungen angewiesen. Worms, Speier, Mainz besitzen in dieser Periode nur eine äusserst lückenhafte Ueberlieferung. Die Annales Francofurtani (Fontes IV. p. 395) melden zum Jahre 1349 „post festum pasche usque in hyemem proxime venientem flagellatores ire inceperunt, quia et ad annum jubileum et interim maxima hominum multitudo utriusque sexus per diversas mundi partes de pestilentia gravi moriebantur". Frankfurt ist in der angegebenen Zeit der Schauplatz wichtiger Begebenheiten. Nachdem am 26. Mai Günther von Schwarzburg krank, und von jenen verlassen, die ihn erhoben, sich seinem Gegenkönige Karl dem Vierten unterworfen, erreicht ihn am 14. Juni der Tod. Am 17. Juni zieht Karl in Frankfurt ein, am 19. wohnt er der Beerdigung Günthers bei. Am

---

[2]) Padua, das ganze lombardische Gebiet. Städtechroniken VIII, p. 117. Anm. 2.

5. Juli verlässt er Frankfurt, um über Bonn nach Aachen zu gehen, wo am 24. Juli seine Krönung stattfindet, an demselben Tage, da zu Frankfurt die Juden erschlagen werden.

Es ist nicht unwahrscheinlich, dass er der herannahenden Pest gewichen ist. Der ambulante Hof des Königs wird schwerlich längere Zeit an einem Orte geweilt haben, an dem die Pest wüthete, und ich gehe gewiss nicht zu weit, wenn ich nach dem Itinerar Karl des Vierten, das zu wiederholten Malen erkennen lässt, wie vorsichtig der König verpestetes Gebiet zu meiden suchte, für den jeweiligen dauernden Aufenthaltsort des Königs die gleichzeitige Anwesenheit der Pest in Abrede stelle.

Jedenfalls ist nach dem ersten Auftreten der Geissler noch einige Zeit ins Land gegangen, ehe die Pest in Frankfurt erschien. Johannes Latomus, der für die Jahre 1338 bis 1356 gleichzeitige Aufzeichnungen des Bartholomäusstiftes wiedergiebt, meldet eine Bittprocession in Folge der Pest zum 14. September 1349 (Fontes IV. 415) und die Annales Francofurtani (ibid. p. 395) notiren: circa mensem Augusti et sequentibus magna in oppido Francof. pestilentia. Caspar Camentz (ibid. p. 434) giebt die Dauer der Krankheit vom 22. Juli bis zum 2. Februar 1350 an[1]).

Ich erwähne hier noch kurz einige Notizen für schwäbische Plätze. Die Annales Zwifaltenses majores (M. G. S.S. X. p. 62) melden zum Jahre 1349: mors pestilentia prima hic populos pressit. In dem nördlicher gelegenen Ellwangen wird die Seuche zu 1349 und 1350 erwähnt (Chron. Ellwacense M G. S.S. X. p. 40). Die notae historicae Blidenstadenses (Fontes IV. p. 392) schreiben: 1348 fuit combustio Judeorum hic et ubique item in sequenti anno fuit pestilentia. In den von Stälin reconstruirten annales Stuttgartenses (Wirtemb. Jahrb. 1849. Theil II. p. 8) heisst es:

---

[1]) Diese frühere Datirung scheint nur den Judenmord in die Zeit der Herrschaft der Pest rücken zu wollen. Eine Notiz im Frankfurter Rechenbuch von 1351 lautet: „den arzten 10 Pf. lude zu besehende, da das folk als sere starp" (Kriegk. Aerzte, Heilanstalten etc. im mittelalterlichen Frankfurt. 1863. p. 4. Anm. 18.)

„1350 judei occidebantur et crembantur his in partibus item postea in secundo anno fuit pestilentia maxima in partibus Alamaniae“. Nun wurden die Juden zu Stuttgart im November 1348 verbrannt, (Diessenh. l. c. p. 69) es gehört also die vorgestellte Jahreszahl 1350 zu dem zweiten Satze: „in secundo anno pestilentia“.

In jüngster Zeit ist eine lang vermisste Quelle zur schwäbischen Geschichte bekannt geworden. Aus einer Handschrift der Kaiserlichen Bibliothek zu St. Petersburg hat Gillert in dem neuesten Hefte der „Forschungen zur deutschen Geschichte“, (Bd. XXI. 1881. p. 21—66)[1]) die Chronik des Hugo von Reutlingen vollständig mitgetheilt. In ihrer ersten Redaction reichte die Chronik bis 1347, zwei Jahre später führte Hugo das Buch bis August 1349, daran schliessen sich noch zwei kleinere Anhängsel, die Ausgang 1349 oder spätestens mit Beginn des Jahres 1350 niedergeschrieben sind. Mit diesen letzten Partien haben wir es hier zu thun[1]).

Zu 1349 berichtet er von dem grossen Sterben „in terris variorum“ (v. 135) oder „per loca plura“ (v. 155), dass die Pest am Ort wüthe ist mit keinem Worte erwähnt. Dagegen sagt er mit Bezug auf das Gerücht der Brunnenvergiftung durch die Juden:

„hanc plures famam sed credebant fore vanam“

v. (163) und in einem von ihm mitgetheilten Geisslerliede (p. 55) findet sich die an die Mutter Gottes gerichtete Bitte:

---

[1]) cf. Lorenz. l. c. I, p. 51 und Böhmer. Fontes IV, p. XX.

[2]) cf. Forschungen l. c. p. 24. Die Erwartungen, die man von dieser Darstellung eines Augenzeugen hegen durfte, sind einigermassen enttäuscht. „Nach seinem eigenen Geständniss beabsichtigt der Autor weiter nichts, als ein bequmes Handbuch der Geschichte für junge Cleriker abzufassen; trotzdem haben diese letzten Partien als Berichte eines Zeitgenossen und zum Theil unmittelbar nach den Thatsachen niedergeschrieben, einen nicht gering zu veranschlagenden Werth“. Sehr eingehend ist seine Erzählung der Geisselfahrt; p. 51—64). Er erwähnt dieselbe erst nach dem Tode Günthers (Juni 14.) nachdem er vorher (v. 166) versichert, dass er die Reihenfolge der Ereignisse streng innehalten wolle.

„Erwirb uns huld umm dines kint,
Dez rich niemer dhain end gewint,
Daz er uns loes von aller not
Und bhoette vor dem gaehen[1]) tot!"

Es scheint demnach bis zur Beendigung von Hugo's Chronik Reutlingen von der Ansteckung noch nicht erreicht worden zu sein.

Cöln wird von der Pest nicht vor dem 18. December 1349 erreicht. Die sehr knappen annales Aprippinenses (M. G. S.S. XVI. p. 738) vergessen ganz die Pest zu erwähnen. Näheres erfahren wir aus den Cölner Jahrbüchern. (Hegel. Chron. D. St. XIII.) Die Handschrift A. (l. c. p. 22) berichtet: „in den jairen uns herren 1350 du war buschof Wilhelm van Genipe buschof zu Collen" und darauf „in den jairen uns herren 1350 du was de stervende van den druissen." Die Handschrift B. dagegen meldet zu 1349 (l. c. p. 36); da ward Wilhelm bischof und do was ein sterfde an den drosen" und zu 1350 „auch ein grose sterfde an den drosen". Die Differenz erklärt sich aus der ungenauen Datirung der Bischofswahl. Am 18. December 1349 (p. 22 Anm.) hatte Wilhelm von Genepp durch päpstliche Procuration den Stuhl von Cöln erhalten, und ganz praecise meldet ein lateinisches Chronikenfragment in einer Handschrift der Würzburger Universitätsbibliothek (l. c. p. 193) huius (Wilhelms von Genepp) tempore in primo suo anno magna fuit pestilentia Colonie et in locis circumiacentibus[2]).

---

[1]) Der Name „ghaer dod" zur Bezeichnung der grossen Pest findet sich auch bei Detmar. l. c. p. 263; die lateinische Wendung, mors subitanea, kehrt häufig wieder; cf. Mon. Warmiae II, p. 152; Ann. Friesacenses S.S. XXIII, p. 67; Ann. v. Ruswil, Geschichtsfreund 1861. p. 21; Münstersche Chroniken ed. Ficker I, p. 48; Script. rer. Prussic. V, p. 620.

[2]) Levold von Northof (ed Tross p. 202) erzählt nur den Ausbruch der Pest zu 1349 nach dem Regierungsantritt Wilhelms, ohne ihre Dauer während des Jahres 1350 zu erwähnen, obendrein ist seine Erzählung chronologisch sehr verwirrt. Er beginnt mit der Wahl Wilhelms (Dec. 18.) darauf folgt die Pest, die päpstliche Bulle gegen die Geissler (Oct. 20.)

Es liegt etwas schleppend langsames in der Bewegung der Krankheit, das „sausende Ross“ in Lingg's Dichtung „Der schwarze Tod“ ist eine arge poetische Licenz und „mit dem Winde und dem Vogel in der Luft“ gelangt man rascher als in einem halben Jahre von Strassburg nach Cöln. Die Zeitgenossen haben dieses schleichende Umsichgreifen der Seuche sehr wohl bemerkt; dafür sprechen charakteristische Wendungen wie: lente diffundebatur (Henr. de Hervordia. ed Potthast p. 274) serpendo, (M. G. S.S. IX. p. 675) serpentino modo gradiebatur (Rebdorf. Font. IV. p. 561). Ein schnelleres Beförderungsmittel als auf den Landstrassen fand die Pest durch den Verkehr der Handelsschiffe. Durchweg sind die Hafenplätze des Mittelmeers zuerst von der Krankheit berührt, und bevor die Pest von Süden her Mitteldeutschland erreicht, ist bereits die französische Nordküste, England und Scandinavien inficirt und verpflanzt sich die Pest von hier an verschiedene Punkte der deutschen Nord- und Ostseeküste.

Schon im Sommer 1348 ist sie in der Normandie, wenig später in der Picardie[1]). Im Juni 1349 genehmigt Philipp, König von Frankreich, die Anlegung eines neuen Friedhofes zu Amiens, da der alte in Folge der Pest überfüllt ist. (Michon p. 14.) Aus Flandern finden wir zuverlässige Localnachrichten in dem chronicon Aegidii Li Muisis, abbatis S. Martini Tornacensis[2]) Ende Juni 1349 fängt das Sterben in einzelnen Parochien an, in Tournay währt es vom August bis zum 24. December 1349.

Nicht viel später muss die Pest an der friesischen Küste

---

der Judenbrand zu Cöln (Aug. 24.) und endlich die Königskrönung Karls zu Aachen (Juli 24.). Auf Levold ist damit wohl die Angabe der Költhoff'sshen Chronik (Hegel, Städtechron. XIV. p. 684) wie der lateinischen Reimchronik von 1081—1472 (Hegel. St. XIII. p. 204), die beide die Herrschaft der Pest in das Jahr 1349 setzen, zurückzuführen.

[1]) Anc. fonds lat. 2585 bei Michon. documents inédits sur la grande peste de 1348. Paris 1860. p. 13. — De Smet. Receuil. III. p. 19.

[2]) De Smet. Receuil des chroniques de Flandre II. p. 348. p. 365 und 379. cf. Lorenz l. c. II. p. 22 ff.

ihre Opfer gefordert haben; am 25. Januar 1350 bestätigen die Eingesessenen der Länder Ostringen und Wangerland die in der vorhergegangenen[1]) Pestzeit vollzogene Schenkung der Kirche zu Marienfeld an das Predigerkloster zu Norden.

In gleicher Weise wird schon 1349 das Gift von der See her nach Preussen eingeschleppt. Das älteste Bürgerbuch der Stadt Braunsberg enthält die Notiz: „Rumboldi memoria et malicia" A°. D^{ni} MCCCXL° nono a festo pasce usque ad festum Galli (Octob. 16.) fuit in terra Pruscie Rumboldus Judeus, qui dixit se esse baptizatum. Qui per intoxicationes veneni et per intoxicationes diversas multos interfecit et precipue in Elbingo, ubi a festo Bartholomei usque ad nativitatem domini veneno quasi morte subitanea novem milia hominum interierunt. Item eodem anno in Königsberg multitudo hominum interiit computata, item in Vrowinburg, in Molhusin, item in terra Sambye multi Prutheni veneno perierunt. Eodem anno multi tam noxii quam innoxii propter venenum cremati sunt undique terrarum" (Monum. Warmiae. ed. Wölky und Saage II. p. 152). Der kürzlich in Lemberg aufgefundene Schluss der älteren Chronik von Oliva (Sript. rer. Prussic. V. p. 621) bestätigt diese Angaben in vollem Umfange. Nach fast wörtlicher Wiedergabe des oben erwähnten Schreibens aus Avignon vom 27. April 1348, fährt die Chronik fort: „predicta ergo pestilentia, que circuiuit pene omnes regiones calidas prochdolor ad clima nostrum iam pervenit et iam fere in tota Pruzia et Pomerania innumerabiles viros ac mulieres consumpsit et hodierno die consumere non cessat". Wie Perlbach (Altpr. Monatsschr. IX. p. 31 ff.) nachgewiesen hat, sind diese Worte im Herbst 1349 niedergeschrieben.

Demnächst hat die Pest mit Beginn des Jahre 1350

[1]) Cum in multis et magnis tribulationibus . . . constituti essemus per miserabilem, que nos circumdedit, pestilentiam . . Ostfriesisches Urk.-Buch 1. No. 68.

Jütland[1]) ergriffen und verbreitet sich von da südwärts über Schleswig und Holstein[2]). Die zuverlässigste Darstellung des Ganges der Pest im Nord- und Ostseegebiet dürfen wir von dem Lübecker Historiographen Detmar erwarten. In der That scheint das Bild, das er giebt im wesentlichen richtig; nachdem er in grossen Zügen ihre Verbreitung im südlichen Europa verfolgt hat, fährt er fort: („desulve grote plaghe quam . . .) darna in engheland, darna in vlandern, darna in sweden, von sweden in denemarken, in nortiutlande und uppe selande, darna in prutzen to konighesberg, to melbinghe was grot sterven". (Detm. p. 263.) Verhältnissmässig spät ist Lübeck selbst inficirt. Detmar (p. 276 ff.) berichtet über den Ausbruch der Krankheit im Lübeckschen Gebiet: „In demsulven jare 1350 des somers von pingsten bet to sunte Mychaelis daghe, do was so grot stervend der lude in allen dudeschen landen, das des ghelikes ne was ervarn unde het noch de grote dot, hirumme dat he mene was over vele lant, ok dat he kreftich was over vele lude".

Der ganze nordwestliche Theil Deutschlands zwischen Rhein und Elbe, nördlich etwa der Linie, die Spessart, Rhön und Thüringerwald bilden, wird nun gleichzeitig von Süden Norden und Westen her bedroht. Ich übergehe den Nachweis, woher nach jedem einzelnen Orte die Pest eingeschleppt ist. Uebereinstimmend wird für das ganze Gebiet der Ausbruch zum Jahre 1350 gemeldet[3]).

---

[1]) Am 20. Mai 1358 bezeugt der Rath von Aalborg, einer Stadt an der Nordspitze Jütlands, dem Rathe von Lübeck: „quod bona etc., ad duos annos ante mortalitatem, que anno domini MCCCL aut circa orta fuit . . . divisa fuerant. Lübecker Urk.-Buch III. No, 300. Am 20. März 1350 stellt ein Stralsunder Rathsmann einen Wechsel über 158 Pfd. Groschen von Tours zahlbar in Brügge aus und nimmt noch eine besondere Cautelformel in die Urkunde auf: „propter horribilem pestilentiam, que iam per totum mundum versetur". Lüb. Urk.-Buch II. No. 964.

[2]) Broderi Chron. Slesvicense b. Mencken. Script. rer Germ. II. 610. Eiderstedt wurde erst 1351 erreicht ibid. p. 611.

[3]) Ich begnüge mich auch hier einzelne Angaben herauszugreifen. Für Hamburg: Hamb. Chron. ed Lappenberg 1861. p. 236. — Für Nieder-

Für Bremen wurde laut einer Notiz des Bürgerbuches die Herrschaft der Seuche zum Jahre 1351 angesetzt (Hansarecesse I, 79). „Anno domini millesimo tricentesimo quinquagesimo primo pestilentia quae mundum circuiverat Bremis veniente decrevit consulatus conscribere numernm mortuorum, et conscripti fuerunt de notis et nominatis personis in parochiis beate Marie 1816, sancti Martini 1415, Anscharii 1922 atque Stephani 1813, excepta plebe innumera circum quaque in plateis extra murum et in cymiteriis exspirante, quorum descriptorum notorum numerus ad septem milia fere se extendit." Schumacher (die bremische Erzbischofsfehde zur Zeit des grossen Sterbens 1348—1351, Bremisches Jahrb. VI. 1872. p. 223 ff.) weist darauf hin, dass die bremischen Geschichtsquellen unzweifelhaft die Pest zum Jahre 1350 melden, (ed. Lappenberg. Histor. archiep. Brem. p. 48; Rynesb. p. 95) und sucht sich durch die etwas gewagte Uebersetzung von „primo" mit „zuerst" zu helfen. Eine Bemerkung des Bremer Urkundenbuches zu diesem Document (Bd. III. 1880. p. 1) nimmt einen „Schreib- oder Gedächtnissfehler" an, „der nach Verlauf von 14 Jahren — die Notiz steht in dem Bürgerbuch hinter den Aufzeichnungen von 1364 — wohl erklärlich ist". Auch diese letztere Annahme erscheint nicht recht glücklich. Bei der Genauig-

sachsen, Lüneburg und Braunschweig: compilatio chronologica ap. Pistorius Script. rer. Germ. I. p. 1106. Wendische Chronik bei Grautoff, Lübecker Chroniken I. p. 444. — Westfalen: Henricus de Hervordia ed Potthast, p. 274 und 284. — Die Münsterschen Chroniken ed Ficker 1851. I. p. 49. — Für Thüringen und Hessen: Chron. Citizence bei Pistorius. Script. rer. Germ. I. p. 1214; die sogen. „hessische Congeries" (Casseler Nachrichten) in der Zeitschrift für hessische Geschichte VII. p. 323. — Näher datirte Angaben finden sich in der Magdeburger Schöppenchronik Hegel. Chron. D. St. VII. p. 1 und 218: (1350) „in dissem jare erhof sik ein grot sterven in disser stad to hand na pingsten und stunt wente na sunte Michelstage" und für Erfurt in dem Chron. Sampetrinum ed. Stübel, Geschichtsquellen der Provinz Sachsen I. Halle 1870. p. 181.; eodem anno (1350) pestilentia epydemialis in Thuringia exorta est et fere in tota Alamannia et precipue in Erfordia de festo S. Jacobi (25. Juli) usque ad purificationem virginis gloriosae (2. Februar 1351).

keit der angeführten Zahlen muss dem Schreiber ein Actenstück vorgelegen haben, dem er dann jedenfalls auch die Datirung entlehnt hat. Entweder der bez. Rathsbeschluss, oder der Zählungstermin datirt von 1351; incorrect ist nur der Ausdruck pestilentia veniente; jedenfalls erst nach dem grossen Sterben ist der Rathsbeschluss gefasst und ein participium perfecti wäre genauer gewesen; die 7000 Todten lassen sich auch schwerlich pestilentia veniente denken.

Ob und wie weit, im nordöstlichen Deutschland und weiter hinauf bis nach Russland die Pest Boden gewonnen hat, vermag ich nicht genau festzustellen. Die Ostseeküste scheint in ihrer ganzen Ausdehnung inficirt worden zu sein, wie weit die Ansteckung in das Binnenland hineingegriffen hat, bleibt unsicher. Für die Mark Brandenburg lässt sich allenfalls aus den oben citirten Urkunden zur Geschichte der Juden ein Anhalt finden. Ausgang des Jahres 1350 mag die Seuche eingedrungen sein und hat hier möglicherweise den directen Anstoss zu den Judenverfolgungen gegeben[1]) Eine Grenze des Pestgebietes kann ich auch hier, ebensowenig wie für die ganze östliche Hälfte der norddeutschen Tiefebene angeben[2]).

Die landläufige Annahme geht dahin, dass der sogenannte „schwarze Tod“ bis 1350 eine pandemische Verbreitung in Europa mit Ausnahme von Russland erlangt habe·

---

[1]) Angelus. Annal. march. Brandenburg 1598. p. 157 erwähnt die Pest in Frankfurt a/O. zum Jahre 1351.

[2]) Zu den Daten in Martin's Karte bemerke ich noch, dass die Pest in Livland erst 1351 herrschte. (Chron. Livoniae. Script. rer. Prussic. II. p. 77.) In Pskow währte sie vom Frühjahr bis zum Winter 1352, in Nowgorod vom August 1352 bis Ostern 1353. (Karamsin: Geschichte des russischen Reiches IV, 230.) Erst für das Jahr 1366 ist ihre Herrschaft in Moskau verbürgt. (ibid. V, 9.) Karamsin erwähnt ihr erstes Auftreten allda zum Jahre 1353 (IV. p. 230) nur vermuthungsweise.

Ruhigere Beobachter bezeugen es freilich ausdrücklich, dass die Pest nicht nach allen Punkten der bewohnten Erde gedrungen sei; so Heinrich von Rebdorf (Fontes IV. p. 561) „paucis exceptis regnis“ und Henricus de Hervordia (ed. Potthast. p. 280.) ad loca quoque que per hospites communiter non fuerunt accessibilia non venire dicebatur. Letztere Notiz beleuchtet auch den Gang der Ansteckung näher. Im wesentlichen sind es die grossen Verkehrsstrassen, die zugleich Heerstrassen des Todes werden; abgelegene, vom Verkehr wenig berührte Orte, mögen häufig verschont geblieben sein. Ein genauer Nachweis solch glücklicher Oasen dürfte auf unüberwindliche Schwierigkeiten stossen, wo die Nachrichten selbst für die politisch wichtigsten Punkte oft so äusserst dürftig fliessen.

Aber auch an grossen, weiten Gebieten ist der erste Ansturm des schwarzen Todes vorübergegangen.

Am 4. Juni 1348 hatte zu Nürnberg der ‚Auflauf‘ stattgefunden, eine jener revolutionären Bewegungen der Zünfte gegen die patricischen Stadtherren, wie sie seit Strassburgs Vorgang von 1332 in den deutschen Städten üblich sind. Das erste, was man nach der Vertreibung der Geschlechter vorgenommen hatte, war eine Brandschatzung der Juden gewesen[1]). Im Mai 1349 hören wir von den Geisslern, (Rebd. Fontes IV. p. 561). Vom 25. September bis zum 4. October desselben Jahres ist König Karl in der Stadt damit beschäftigt, die Herrschaft des Patriciats wiederherzustellen. Wenn bereits die Anwesenheit des Hofes die gleichzeitige Herrschaft der Pest bezweifeln lässt, so ersehen wir aus einer Urkunde vom 2. Octb. 1349 (Hegel: Städtechr. III. p. 332) dass die Pest noch nicht am Ort ist: „auch wellen wir, wanne die juden zuo Nuerenberg unser camerknecht itzunt sitzent in manigerley vehe des gemainen volkes und auch die burger in der stat irs leibs und guots, die

[1]) Hegel: Chron. d. St. III. p. 146 „do machten sie sackmann über das unselig geschlecht“.

weil die juden in der stat seint, nicht sicher seint ob daz wer, daz an den juden doselbichst icht geschehe also, daz sie beschediget wurden wider der burger von dem rat willen, daz sie des wider uns und unser nachkomen an dem reich nicht entgelten sullen in dheinweis." Es ist hier der Verdacht der Brunnenvergiftung durch die Juden gemeint, der, so lange Juden am Orte athmeten, die Gefahr des Todes den Bürgern in sichere Aussicht stellte. Am 16. November ertheilt Karl IV. die Erlaubniss zum Abbruch der Judenhäuser. (Würfel: Gesch. d. Judengem. in N. p. 133.) Man hatte die Juden zu grösserer Sicherheit jedenfalls bei Zeiten hinter Schloss und Riegel gesetzt, vielleicht wie weiland 1385 mit der feinen Unterscheidung, dass man die „reichen auf die purk gevangen legte und die arm juden in den keler neben dem rothhaws." (Hegel: Chron. D. St. I. p. 25.) Erst am 5. December des Jahres 1349 findet der „Judenbrand" statt (ibid.). Vom 6. April bis zum 1. Juni 1350 residirt Karl von neuem in Nürnberg.

Die älteste Quelle für Nürnbergs Stadtgeschichte ist: Ulman Stromer's püchel von meim geslechet und von abentewer 1349—1407 [1]). Das Buch beginnt mit der Nachricht vom Judenbrande; ganz lakonisch wird das Factum gemeldet, ein näheres Eingehen auf die wildbewegte Geschichte Nürnbergs um die Zeit des Auflaufs vermeidet Ulman offenbar absichtlich. Im zweiten Capitel sind genealogische Notizen über das Geschlecht der Stromer zusammengestellt; soweit seine Erinnerung zurückreicht, berichtet er fast immer mit genauer Tagesangabe alle Todesfälle der Familie. Die Zahl der als verstorben angeführten bleibt annähernd von Mitte der vierziger Jahre an constant, auch ist nirgend ein Todesfall in Folge einer Pest zu Nürnberg erwähnt, während Ulman solche Angaben sonst nicht vergisst: „Mein Bruder Cuncz starb on erben anno domini 1357 jar in ayn sterben zu Maylant" (l. c. p. 64). Zum Schluss fügt er ein Ver-

[1]) Hegel: Chron. d. St. I. Einl. p. XXX. 1360 ist die Niederschrift begonnen (ibid. p. 10).

zeichniss der 1406 „in der Pestilenz“ gestorbenen Ehrbaren an und notirt, dass im Laufe eines halben Jahres acht vom Geschlecht der Stromer fortgerafft wären [1]).

Heinrich von Rebdorf, der in seinen annales imperatorum et paparum häufig auf die Vorgänge in Nürnberg eingeht, giebt keine nähere Aufklärung. Vielleicht hat er bereits 1349 sein Kloster verlassen, 1350 ist er in Rom. (Fontes IV. p. 562.)

Die Chronik aus Kaiser Sigismunds Zeit, aus dem Anfang des 15. Jahrhunderts, (Hegel: Städtechron. I. p. 350) erwähnt Judenmord und Geisselfahrt; von der Pest weiss sie noch nichts. Erst eine kurz nach 1450 in Nürnberg verfasste Weltchronik wagt schüchtern die erste allgemeine Nachricht. „1349 erhub sich ein grosser und grausamer pestilentz durch alle lant.“ (Hegel: Chron. d. St. III. p. 277.) Nürnberg selbst ist noch immer nicht besonders genannt [2]). Meisterlein, dessen historiographische Thätigkeit in die spätere Hälfte des 15. Jahrhunderts fällt, ist schon weit besser unterrichtet: 1349 herrschte nach seiner Angabe „ein gross pestilentz“ in Nürnberg, „da liessent die burger weichen den gotsacker bei sant Johanns capell, und ward auch da ein sundersiech- oder aussatzelhaus gestift“. (Hegel III. p. 155.) Freilich ist der Kirchhof zu S. Johann erst 1395 geweiht, und das erwähnte Leprosenhaus kommt bereits 1307 urkundlich vor. (ibid. Anm. 5.)

---

[1]) p. 85. „also starben acht Stromer in eim halben jar“. Kurz darauf fügt Ulman noch die Meldung von dem Tode seines gleichnamigen Sohnes an der Pest bei (7. Februar 1407). Wenige Wochen darauf erlag der Alte selbst der verheerenden Krankheit, sein Sohn Jörg hat die betreffende Notiz nachgetragen (cf. l. c. Anm. 2).

[2]) Das Capitel über den ‚Auflauf‘ schliesst mit einem Denkvers:

Anno milleno ter C. quater X que noveno
Ibant gaisleri, sunt crematique judei,
Venia post magna viguit in urbe Romana.

Derartige kurze Zusammenstellung geschichtlicher Ereignisse in gebundener Rede lassen sich für die Vorgänge um die Mitte des vierzehnten Jahrhunderts in grosser Zahl beibringen, es bleibt auffallend, dass hier die Pest gar nicht erwähnt ist.

Ich unterlasse eine analoge Ausführung für andere Punkte Ostfrankens, wo die Verhältnisse ähnlich liegen, und erwähne nur eine gleichzeitige Würzburger Chronik [1]), dieselbe berichtet zum Jahre 1356: „fuit pestilentia prima in Herbipoli magna et gravis circumquaque in Franconia“ und zum Jahre 1363: „Herbipoli pestilentia secunda.“

Wäre Ostfranken die einzige von der Pest unberührte Landschaft, so liesse sich schwer eine Erklärung für diese Ausnahmestellung finden; aber ostwärts bleibt ein immer breiter werdendes Gebiet in gleicher Weise verschont. Nach Böhmen, Schlesien und Polen hat lediglich die spätere Geschichtsschreibung die Pest eingeschleppt.

Höfler theilt im ersten Bande der Geschichtsschreiber der hussitischen Bewegung (Font. rer. austriac. II.) eine ganze Reihe annalistischer Aufzeichnungen aus Böhmen mit, die freilich in der Datirung häufig sehr unsicher sind [2]). Von der Pest ist kein Wort erwähnt.

Eine gleichzeitige und zuverlässige Nachricht finden wir in der Bearbeitung der Königsaaler Geschichtsquellen durch den Prager Domherren Franz [3]), derselbe erwähnt das Wüthen des schwarzen Todes im Süden bis hinauf nach Oesterreich und fährt dann fort: „mortalitas in regno Bohemie inceperat dominari, sed aura recens et frigida ipsam eliminavit; sed deo pocius et suis sanctis est gratias agendum“. Für Böhmen dürfen wir also höchstens einige verschleppte Krankheitsfälle in den Grenzdistricten annehmen. Wir besitzen ein merkwürdiges Document, welches diese Annahme bestätigt; es ist ein Hirtenbrief des Prager Erzbischofs vom 5. October 1359 [4]). Wir ersehen aus dem

[1]) Abgedruckt bei Buder. Nützliche Sammlung verschiedener, meist ungedruckter Schriften etc. Leipzig und Frankfurt. 1755. p. 471.

[2]) So setzt das Chroncon Palitinum (p. 47) die Gründung der Neustadt Prag in das Jahr 1346, und das Chronic. capituli Metropolitani Pragensis die Universitätsstiftung gar in das Jahr 1370 (p. 65).

[3]) ed. Loserth. Font. rer. austriac. VIII. Wien 1875 p. 597. cf. Lorenz: Geschichtsquellen I, p. 243 ff.

[4]) „de spiritualibus remediis in peste adhibendis.“ Miscell. histor. regn. Bohem. Decadis I. lib. VI. Prag 1684. No. 54 p. 89.

Schreiben, dass die Pest erst 10 Jahre nach ihrem ersten Erscheinen in Deutschland in Böhmen Kraft und Verbreitung gewonnen hat und hören von einem nur mässigen und sporadischen Auftreten derselben „ante paucos annos transactos“.

Das kräftige Aufblühen Böhmens in den ersten Jahren von Karls Regiment wäre schwerlich möglich, wenn die Pest die besten Kräfte des Landes vernichtet hätte. Am 8. März 1348 gründet Karl die Neustadt Prag, am 7. April desselben Jahres geht der Freibrief für Lehrer und Hörer in die Welt gelehrte Männer und Studenten mit aller Freiheit der hohen Schulen in Italien und Frankreich nach Prag zu laden. In schönster, friedlichster Entwickelung erwächst die Neustadt und die Universität.

Bekannt ist die Vorliebe König Karls für den Aufenthalt in Prag. Wenn wir aber sehen, dass er bis 1349 alljährlich seinen Königsritt durch das Reich unternimmt, dann 1350 nur bis Nürnberg, 1351 bis Pirna kommt, so ist sicher nicht zu bezweifeln, dass die Pest im westlichen Deutschland ihn bewog, seine Reisen auf die pestfreie östliche Hälfte des Reichsgebietes zu beschränken.

In regen Wechselbeziehungen zu Böhmen nimmt Schlesien in reichem Masse an dem wirthschaftlichen Aufschwunge Theil. Schon damals ist Breslau für die ganze Provinz der Mittelpunkt des politischen Lebens und des geschäftlichen Verkehrs. Die Breslauer Archive und die dortige Universitätsbibliothek bergen ein überaus reiches historisches Material; nirgend lässt sich in den gleichzeitigen Urkunden und Acten eine Spur entdecken, die auf die Verheerungen einer Epidemie hinführte. Aus den Jahren 1347—1355 ist die Correspondenz des Breslauer Rathes mit Karl dem Vierten erhalten[1]); mit keinem Worte wird in derselben einer Seuche gedacht, wo doch gewissenhaft jedes wichtige Ereigniss gemeldet ist. Bis 1358 reichen die Stadt-

[1]) ed. Grünhagen im Archiv für Kunde österreich. Geschichtsquellen XXXIV.

rechnungen (ed. Grünhagen. Cod. dipl. sil. III.) keine Schwankung verräth das Eingreifen der Pest in die wirthschaftliche Thätigkeit. Karl selbst erscheint zu wiederholten Malen persönlich in der Stadt. Am 21. Februar 1351 (Korn. Bresl. Urk.-Buch p. 177) ertheilt er die Genehmigung zur Anlage von zwölf neuen Fleischbänken. Wenn auch die Erweiterung einer monopolisirten Befugniss zunächst nur das Geldbedürfniss Karl's beweist, so dürfte eine derartige Speculation in einer unmittelbar vorher von der Pest entvölkerten Stadt doch eine Unmöglichkeit sein [1]).

Die erste glaubwürdige Meldung von dem Auftreten der Pest in Breslau bringen die annales Wratislawienses maiores (M. G. Script. XIX, p. 532) zum Jahre 1372: „maxima pestilentia et karistia aequaliter in clero et populo, ita quod dicebatur communiter quod plus quam medietas populi esset mortua, scilicet a triginta milia hominum."

Zwei weitere beachtenswerthe Notizen sind in der Datirung so unbestimmt, dass sie sich nicht ganz sicher fixiren lassen.

In dem ersten Theile des Catalogus abbatum Saganiensium (Stenzel: Script. rer. Siles. I, p. 190) [2]) heisst es: „tempore huius (des Abtes Theodorich) pestilentia quatuordecim fratres absumpsit et adeo numerum fratrum imminuit, quod post aliquanto tempore abbas ipse presbyteros seculares ad officiandam ecclesiam in adiutorium fratrum assumpsit. Ipse autem abbas tempore huius cladis per quartale anni in Warin mansit". Die Erzählung ist nicht chronologisch geordnet und giebt auch keinen Anhalt zur Bestimmung des Jahres; Theoderich regierte vom August 1351 bis zum Juni 1365. Noch unbestimmter ist die zweite Stelle in dem chro-

[1]) Stenzel hat in seiner leider nur bis 1355 reichenden Geschichte Schlesiens es sorgfältig vermieden die diesbezüglichen Berichte späterer Chronisten, die noch Klose mittheilt, aufzunehmen; ein argumentum ex silentio von dem gewiegtesten Kenner schlesischer Geschichtsquellen, das ich sehr gern für meine Beweisführung in Anspruch nehme.

[2]) Dieser erste Theil, von dem gelehrten Abte Ludolf verfasst, ist vor dem 9. Mai 1389 beendet. l. c. Vorw. p. XVII.

nicon principum Polonie. Nach einer falsch datirten Nachricht über die Flagellanten[1]) folgen die Worte: „subsequentibus vero nostris temporibus aliquando pestilentia aliquando fames fuerunt“

Die Chronik, ist wie Stenzel nachweist, um 1384 wahrscheinlich von einem Mitglied des Brieger Collegiatstiftes niedergeschrieben. (Vorr. p. X.) Die citirten Worte geben sich als Bericht jüngst erlebter Ereignisse; nun hören wir erst 1359 von einer Pest in Böhmen (cf. unten p. 31) 1360 in Polen (cf p. 35) — in dieses Jahr möchte ich die Nachricht aus Sagan setzen — 1361 von grosser Dürre und Theuerung in Oberschlesien. (Annal. Siles. Zeitschrift des Vereins für schles. Gesch. I, p. 221.) 1362 von einer Hungersnoth[2]) in Breslau (ibid. p. 222), 1371 von einer Pest im schlesischen Gebirge (annal. Wratisl. maior. M. G. S.S. XIX. 532) und endlich 1372 von Pest und Theuerung in Breslau. Zum Ueberfluss fährt der Chronist, offenbar mit Bezug auf das grosse Schisma, welches seit 1378 die Kirche spaltete, fort: „sunt heu et scismata summorum pontificum . .“ Der Schluss ist also wohl nicht zu gewagt auch diesen Bericht auf die Zeit nach 1360 anzusetzen.

Gehen wir weiter nach Osten, so finden wir auf Martin's Karte das ganze Polenreich so schwer vom schwarzen Tode heimgesucht, dass mehr als ein Drittel der Bevölke-

---

[1]) Script. rer. Siles. I, p. 167. Es ist ganz ersichtlich die Geisselfahrt von 1349 gemeint und zum Jahre 1341 gemeldet.

[2]) Auf Grund einer vielbesprochenen Stelle soll Breslau bereits im Jahre 1349 unter einer Hungersnoth gelitten haben. Am 27. März 1349 schreibt der Breslauer Rath an den König Karl: „quod Judei timent sibi propter famem communem“ (Correspondenz des Breslauer Rathes mit Karl IV. ed. Grünhagen. Separatabdruck p. 16.) In der Handschrift steht unzweifelhaft famem. Abgesehen davon, dass die Wortverbindung fames communis nirgend sonst zu finden ist, während fama communis als stereotype Wendung gerade für den Verdacht der Brunnenvergiftung durch die Juden häufig wiederkehrt, (cf. Diessenhofen p. 68. Henr. de Hervordia p. 280.) lässt sich für Theuerung oder Hungersnoth in dem betreffenden Jahre absolut kein Anhalt finden. Es ist jedenfalls propter famam communem zu lesen.

rung als fortgerafft angegeben wird. Die Angabe stützt sich hauptsächlich auf Dlugoss. (historia Poloniae Lipsiae 1711. I, p. 1086.)

Der ganze Bericht ist freilich von zweifelhaften Werthe. Dlugoss meldet die Pest in Polen und Böhmen zum Jahre 1348 in offenbar ungerechtfertigter Verallgemeinerung von Vorgängen im südlichen Europa. Der polnische Geschichtsschreiber fand eine klaffende Lücke in seiner heimischen Ueberlieferung [1]) und hat sie willkürlich durch fremde Berichte aus anderer Herren Länder ergänzt. Die eingehende Schilderung der Krankheitssymptome stimmt wörtlich mit der Darstellung des mehrfach erwähnten Avignoner Arztes Chauliac überein. Erst zum Jahre 1360 ist ein „Sterben" im Polenreiche verbürgt. Und während eine Judenverfolgung in Polen für die Jahre 1348—51 nicht zu erweisen ist, schreiben die annales Mechovienses (Mon. G. S.S. XIX. p. 670): „talis fuit (anno 1360) in tota christianitate et maxime in regno Polomie mortalitas regnante rege Kazimiro quod vix tertia pars christianitatis remaneret et maxime Cracovie. Que mortatitas imputabatur Judeis per intoxicationem, qui tunc temporis, Cracovie et alias cremabantur", in dieses Jahr setze ich demnach die Erwähnung jüdischer Märtyrer in dem oben (p. 11) citirten hebräischen Klageliede.

[1]) Die Ephemerides Wladislawienses von 1296—1366 und die Annales S. Crucis Polonici von 966—1410 (M. G. Script. XIX, p. 687 und 677) enthalten nichts, die notae Wladisl. von 1345—51 bringen nur die allgemeine nicht näher localisirte Notiz: pestilentia magna fuit et homines se affligebant sen flagellabant. (M. G. XIX, p. 689.) Die annal. Mechiov. von 947—1434 melden zum Jahre 1348 die Pest in Avignon und knüpfen an die Nachricht von dem Auftreten der Pest in Ungarn zum Jahre 1349 die Worte: „unde multe turme hominum tam de Ungaria quam de aliis partibus adiuncti circuibant se flagellantes" (ibid. p. 670). Neben den von Arndt im XIX. Bande der M. G. edirten polnischen Geschichtsquellen bleibt noch der dritte Band der Mon. Pol. hist. ed Bielowski 1878 zu berücksichtigen; eine Reihe meist sehr knapper Annalen, die Arndt nicht aufgenommen hat, reichen über die Mitte des vierzehnten Jahrhunderts hinaus, nirgend ist Pest oder Judenmord für die Jahre 1348—1351 erwähnt.

Gewisse Massnahmen in Polen, die bei einer Herrschaft der Pest im Lande überflüssig gewesen wären, weisen darauf hin, dass Polen zunächst verschont blieb.

Am 18. Juni 1350 (Cod. dipl. moraw VIII. 19) gebietet Karl IV. den Behörden und Städten Prag, Guttenberg, Olmütz, Brünn, Glatz und Neustadt und allen im deutschen Reich Bürger und Kaufleute aus Krakau und anderen polnischen Städten mit ihren Waaren, ohne das Auspacken und den Verkauf derselben zu gestatten, sofort aus ihren Thoren zu weisen; und zwar deshalb, weil die von Krakau gegen den unvordenklichen Gebrauch und die Rechte des römischen Reiches, welchem die öffentlichen Strassen in allen Ländern gehören, die Kaufleute aus Böhmen und Mähren daran hindern, mit ihren Waaren nach Russland und Preussen zu reisen [1]). 1352 begegnen wir einer zweiten Urkunde Karl's IV., (Korn. Urk.-Buch d. St. Breslau I, 184) in der er den Rath der Stadt Breslau, falls König Kasimir Kaufleute der Stadt auf ihren Reisen und Handelsfahrten nach Polen, Preussen und Russland noch ferner hindern sollte, zu Repressalien an polnischen Geschäftsleuten ermächtigt.

Sonderbar genug erscheinen diese Belästigungen deutscher Kaufleute, zumal Kasimir mit Karl IV. nicht nur in Frieden lebt, sondern zu Namslau am 22. November 1348 (Pelzel: Urk.-Buch z. Gesch. K. IV. I, 170) ein Freundschaftsbündniss mit der urkundlichen Erklärung geschlossen hat, dass er auf Karl's Beistand gegen den Orden und gegen den bairischen Markgrafen rechne. Am 1. Mai 1356 (Riedel: Cod. dipl. Brandenb. B. II, 397) wird das Bündniss von Kasimir erneuert.

Wenn unter solchen Voraussetzungen unbegründete Plackereien [2]) seitens Kasimir's nicht recht glaublich er-

---

[1]) „precludunt vias ac stratas". Dass man die Stadtthore schloss und keinen Fremden hereinliess ist zur Zeit des schwarzen Todes verschiedentlich vorgekommen. (Ann. Novim. M. G. IX. p, 674. Guy de Chauliac bei Haeser III, p. 175.)

[2]) Der Umstand, dass zehn Jahre später zu einer Zeit, wo die Pest von neuem heranrückte und Oesterreich, Ungarn und Polen bedrohte, diese

scheinen, so ergänzt eine Urkunde vom 30. März 1349, (Monum, medii aevi res gestas Poloniae illustr. III. p. 270) in welcher der Polenkönig die Verkehrssperre durch Zmigrod[1]) nach Ungarn und zurück für seine Kaufleute und Reisenden aufhebt, unsere äusserst unsichere Kenntniss der Verhältnisse. Wir ersehen aus derselben, dass nicht nur nach Westen hin, sondern auch im Süden Polens eine Grenzsperre angeordnet war. Daraufhin schliesse ich auf

---

Absperrungsmassregeln in Wien und Ofen Nachahmung fanden, kennzeichnet deutlich ihren Charakter als sanitätspolizeiliche Massnahme. Dass abseiten Polens zu dem eigensinnig ununterbrochenen Festhalten der Absperrungsmassregeln gegen Deutschland handelspolitische Interessen mitbestimmend wirkten, wird sich schwerlich in Abrede stellen lassen. Aber es beweist sicher ein auffallendes Missverständniss, wenn Karl IV. am 25. Januar 1359: (Böhmer: Codex Moenofrancof. 661) an den Rath zu Frankfurt schreibt, dass die von ihm daselbst verordnete Handelssperre nur eine Repressalie gegen die von den Königen von Ungarn und von Polen und dem Herzoge von Oesterreich zu Ofen, Krakau und Wien angelegte Sperre sei, und dass er seinerseits zur Herstellung gegenseitiger Handelsfreiheit gern bereit sei.

[1]) Ein Flecken an der Wystocka, im heutigen österreich.-Galizien, Kreis Jaslo.

Die Urkunde giebt mir vor der Hand den einzigen Anhalt eine allgemeine Verbreitung der Pest in Ungarn für das Jahr 1349 in Zweifel zu ziehen. Die umfangreichen Publikationen ungarischer Geschichtsquellen sind mir leider nicht genügend zugänglich gewesen, da begleitender Text und Register derselben in ungarischer Sprache abgefasst sind.

Noch neuere ungarische Geschichtsschreiber bringen die angeblich 1348 erfolgte Ausweisung der Juden in Zusammenhang mit einer gleichzeitigen Herrschaft des schwarzen Todes. Erwiesenermassen hat jedoch die Ausweisung der Juden aus Ungarn erst nach 1352 und vor 1361 stattgefunden. cf. Bergl: Gesch. d. ungarischen Juden. Leipzig 1879, p. 40.

Wie unzuverlässig übrigens auch anderorts spätere Berichte über diese Zeit sind, beweist eine Bemerkung Schäfer's. Nachdem Martin (Peterm. geogr. Mitth. 1879, p. 259) von den entsetzlichen Verheerungen des schwarzen Todes in Scandinavien berichtet hat, fährt er einschränkend fort: „freilich muss ich hierzu bemerken, dass nach mündlicher Mittheilung des Herrn Schaefer, Professor der Geschichte in Jena, die gleichzeitigen Angaben über die nordischen Länder nur sehr kümmerlich sind und die angeführten Schätzungen auf viel späteren Aufzeichnungen beruhen.

einen gleichartigen Abbruch des Verkehrs mit den Ostseeplätzen; es bleibt sonst unerklärlich, dass in das offene Flachland von Danzig her, wohin zahlreiche Handelsverbindungen von Polen führten, die Ansteckung nicht eingeschleppt wurde. Nur eine energisch durchgeführte Quarrantaine konnte hier den Schutz gewähren, den für die übrigen pestfreien Gebiete ihre natürliche Lage bot; denn nicht so ganz willkürlich scheiden sich dieselben von den inficirten Nachbarländern. Wir haben oben gesehen, dass der Alpengürtel den Gang des schwarzen Todes erfolgreich aufgehalten hat; für Ostfranken bilden Odenwald, Spessart, Rhön, Thüringer Wald und die fränkischen Höhen natürliche Grenzen; für das rings von Gebirgswällen umgebene Böhmen ist ein analoges Verhältniss klar, und die Kraft jenes Zuges, der sich durch Kärnthen, Steiermark und Oesterreich nach Mähren wendete, scheint an den Beskiden und Sudeten gebrochen.

Der Gang des schwarzen Todes liesse sich, wenn man für jeden Ort sein erstes Auftreten zu bestimmen vermöchte, graphisch in einem grossen System von Strahlenbüscheln darstellen; jeder inficirte Ort kann als neuer Brennpunkt weiterstrahlen. Die Neigung in bestimmt vorgeschriebener Himmelsrichtung fortzuschreiten, vermag ich nicht zu erkennen. Directes Contagium trägt die Seuche von Ort zu Ort, demgemäss hat sie sich hauptsächlich in Richtung der grossen Verkehrswege fortgepflanzt. Gebirgszüge, die den Verkehr von vornherein erschweren, und deren Pässe bei der eintretenden Handelsstockung wenig frequentirt worden sein mögen, haben ihren Gang häufig gehemmt. Die einzige Schranke, die sie niemals überwinden konnte, waren weite, unbewohnte Steppen; um von den Ufern des schwarzen Meeres nach dem Herzen Russlands zu gelangen, musste sie den Umweg um die ganzen Küsten Europas machen.

Judenverfolgungen und Geisselfahrten stehen unzweifelhaft in gewissem causalen Zusammenhang mit der Pest. Aber beide Bewegungen, die erste von Südfrankreich her, wo sie gleichzeitig mit der Pest sich erhebt, die zweite von der letzten Ostmark Deutschlands, unmittelbar vor dem Auftreten der Pest entstanden, eilen in ihrer rapiden Verbreitung über das deutsche Reich der Pest voraus.

An einzelnen Orten fallen die Ereignisse zeitlich nahe oder ganz zusammen, so Pest und Geisselfahrt in Strassburg, in Flandern, wohin erstere von Westen her früh gelangte, während die Geissler den weiten Weg von Oesterreich her zurückzulegen hatten. Zuweilen auch hat erst die auftretende Pest den Anstoss zum Judenmord gegeben, wo der Schutz eines Fürsten oder des Stadtrathes ihren Untergang so lange verzögert hatte, so an einzelnen Orten in Oesterreich und muthmasslich auch in der Mark Brandenburg, oder es schürte erst der Fanatismus der Geissler den Judenhass zur Flamme, so in Frankfurt a. M., in Cöln, in Mainz, in Breslau. Allein durchweg gilt die Regel, dass die Juden vorher der blinden Wuth ihrer Verfolger zum Opfer fallen. Die Geisselfahrt vollends hat bereits ihr Ende erreicht, bevor auch nur die Hälfte des deutschen Gebietes von der Pest überzogen ist, und Judenverfolgungen und Geisselfahrten gehen in weiten Gebieten vor sich, die der schwarze Tod bei seinem ersten Zuge durch Deutschland gar nicht berührt.

Schon im Anfang des fünfzehnten Jahrhunderts hat sich jene Umstellung der Thatsachen vollzogen, die Judenverfolgungen und Geisselfahrten im Gefolge der Pest darstellt und damit der letzteren nothwendig eine pandemische Verbreitung vindicirte.

Bei der Lückenhaftigkeit der gleichzeitigen Ueberlieferung, auf die bereits im Eingang dieser Untersuchung hingewiesen ist, wird uns der Vorgang erklärlich, aber jenen

Einfluss, der die Geschichte allmälig in Irrthum und Sage umgestaltet, bis in die letzten Schlupfwinkel seiner geheimen Thätigkeit zu verfolgen, ist unausführbar.

Allenfalls lässt sich erweisen, dass gerade die vielgelesensten Geschichtsschreiber, die dieser Epoche angehören, die Verschiebung der Datirung wesentlich begünstigt haben[1]). So z. B. der Strassburger Historiograph Twinger von Königshofen. Closener hält noch die richtige Aufeinanderfolge fest. Den Judenmord berichtet er übereinstimmend mit Diessenhofen zum 14. Februar 1349 (Hegel: Chron. D. St. VIII. p. 104). Darauf erzählt er ausführlich von der Geisselfahrt. Den Beginn derselben setzt er nicht genau fest; einmal erwähnt er ihre Ankunft „vierzehn naht noch sunigihten, (8. Juli. p. 105) oder uf die mosse“, ein andermal schreibt er: „zu sunigihten“ (24. Juni. p. 130) schliesslich wird die Pest mit den Worten eingeführt: „do die vorgeschriebenen geischeler gen strosburg koment, do kam auch ein gemeiner schelme und ein sterben unter die lute dar“[2]).

Bei Königshofen stellt sich die Sache schon unsicherer. Die erste kurze Meldung der besprochenen Ereignisse bringt er in dem 2. Capitel seiner Chronik (Heg.: Chron. D. St VIII, p. 480) „in denselben ziten (Karl's IV.) also men zelte 1349 jore, do was der groesste sterbotte in aller der welte von dem man ie hatte gehört sagen. Do wurdent auch die Juden gebrant durch alle lant. do was ouch eine grosse geischelfahrt. von dissen dingen allen wurt hernoch geseit in dem fünften capitel dis buoches.“ In besagtem

---

[1]) Selbstverständlich findet sich bei der grossen Mehrheit zeitgenössischer Schriftsteller die richtige Aufeinanderfolge so: Diessenhofen p. 65 ff. Henric. de Hervord. ed. Potthast. q. 280 ff. — Chron. Samp. p. 180 ff. — Constanzer Weltchron. ed. Kern p. 229 ff. — Münstersche Chroniken ed. Ficker. I. p, 49. — Chronicon. parv. Dresdens bei Mencken II. p. 350 etc. Sehr häufig fehlt freilich jede bestimmte Abgrenzung der Vorgänge nach Raum und Zeit.

[2]) Math. Nüwenb. setzt das erste Erscheinen der Geissler in Strassburg in die Mitte des Juni. Dass sie vor der Pest eintrafen, scheint auch aus der oben (p. 19) citirten Stelle der Geisselpredigt hervorzugehen.

Capitel heisst es dementsprechend: „in dem vorgeschrieben jore, do man zelte 1349 jar, als man vaste starp und die juden brannte, vierzehn tage nach sünigihten, do kamen gen Strosburg uf 200 geischeler". (Heg. Chron. D. St. IX, p. 765.)

Die Limburger Chronik[1]), ein Buch, welches ähnliche allgemeine Verbreitung wie Königshofen fand, steht bereits vollständig unter dem Einfluss jener Anschauung, die Judenverfolgungen und Geisselfahrten als Consequenzen des schwarzen Todes hinstellt. Die viel citirte Stelle, die davon erzählt, wie nach dem Ende aller Drangsal in der Mitte des vierzehnten Jahrhunderts die Welt wieder anhub zu leben und fröhlich zu sein, nennt die Vorgänge in der Reihenfolge: „Sterben — Geisselfahrt — Römerfahrt (Wallfahrt nach Rom zum Jubeljahr 1350) — Judenschlacht" (p. 26). Die Pest wird zum Jahre 1349 gemeldet und zu 1350 heist es: „in demselben Jar Jubileo, da das sterben aufhörete, da wurden gemeinlich die Juden in teutschen Landen erschlagen und verbrannt" (p. 30). Ringsum werden die Nachbargebiete von Limburg erst mit Beginn des Jahres 1350 von der Pest erreicht; die Pest, die sich in breitem Strome fortbewegt, müsste einen unerklärlichen Sprung gemacht haben, um Limburg früher zu erreichen.

[1]) ed. Vogel. Marburg 1828. Der Autor ist nach seiner eigenen Angabe 1347 geboren, als alter Mann schrieb er sein Buch zusammen, (p. 13.) „nun solt du wissen, alles das nach datum 1347 bis man schreibt 1420, das ist alles bei meinen Tagen geschehen." In der Datirung ist er nicht immer genau. p. 8 schreibt er von der grossen Ueberschwemmung an S. Jacobstag (Juli 25.) 1344 „und diess ist die erste Wasserfluth. die den alten Leuten eingedenklich ist." Es ist ersichtlich die allgemeine Wassersnoth vom 21.—25. Juli 1342 gemeint, zu welchem Termin von den glaubwürdigsten Quellen ein verheerender Austritt des Rheins und Mains. der Mosel, Werra, Weser und Elbe gemeldet wird. cf. Chronic. Sampetrin. p. 175. — Münstersche Chroniken ed. Ficker I, p. 49. — Compil. chrono-

Es war ein thörichtes Märchen, dass die Juden das Wasser, die Luft, ja die ganze Welt, wie es wohl zuweilen heisst, (cf. oben p. 6. Anm. 4) vergiftet hätten. Meyer-Merian (Basel im vierzehnten Jahrhundert. 1856. l. c.) verschwendet grosse Mühe an den Beweis ihrer Unschuld; es ist müssig eine Anklage widerlegen zu wollen, deren Geständniss auf der Folter erpresst ist, und deren practischer Erweis gar nicht abgewartet wurde. Wo die Juden am Leben blieben, wie in Wien und Regensburg, in Avignon und Rom, erlagen sie in ihren engen schmutzigen Wohnungen noch zahlreicher als die Christen der Pest. Kunrat von Megenberg urtheilt unmittelbar unter dem Eindruck der Vorgänge Ausgang des Jahres 1349: (Buch der Natur p. 112) „(sie) sprachen, daz die juden all prunnen heten vergift, und wolten die christenhait toeten, und vant man säcklein in vil prunnen mit vergift, und tôt man ir ân zâl vil an dem Rein in Franken und überol in däutschen landen. waerleich, ob etleich juden daz taeten, das waiz ich niht. waer aber ez geschehen, daz hêt auch geholfen, zuo der êrsten sach iedoch waiz ich daz wol, daz ir ze Wienne als vil wâren sam in kainer stat, die ich west in däutschen landen, und daz si dâ alsô sêr sturben, daz si irn freithof vil weitern muosten und zwai häuser dar zuo kaufen. haeten si in nu selber vergeben, daz waer ain tôrhait gewesen. iedoch wil ich der juden pôsheit nit värben, wan sie sint unser frawen veint und allen christen“.

Die Zeitgenossen führen ganz andere Gründe an, die den Untergang der Juden herbeigeführt haben und bezeichnen ziemlich unverholen die Anklage der Brunnenvergiftung als vorgeschobenen Grund. Die Constanzer Weltchronik (l. c. p. 229) meldet „die plage über die Juden durch irsz gucz willen“; Königshofen (p. 763)

---

logica bei Pistor. Script. rer. Germ. I, p. 1106. — Die hess. Congeries Zeitschr. für hess. Geschichte VII, p. 323. — Würzb. Chron. ed Buder p. 467 und 473. — Notae S. Blasii Brunsvicenses. M. G. S.S. XXIV, p. 827. — Nicol. de Siegen ed Wegele p. 386.

meint: „das geld was ouch die sache davon die Juden gedötet wurdent.‘ Das Chronicon Sampetr. (p. 180) sagt in Bezug auf die Brunnenvergiftung: „si verum dicunt nescio sed magis credo, fuisse exordium eorum magnam et infinitam pecuniam, quam barones cum militibus, cives cum rusticis ipsis solvere tenebantur.“ Und am bezeichnendsten ist die Ausführung Closeners: (p. 127) „und hettent ouch (die juden) solichen friden: wer in ut hette geton, er muest es swerlicher hon verbessert, wan hetters eim kristen geton. daruf liessent sich die Juden und wurdent also hochtragendes muotes, daz sü niemanne woltent vorgeben [1]), und wer mit in hette zu dunde, der kunde kume mit in überein kummen. darumbe wurdent sii verhasset von meniglichen“ [2]).

Ob das „historische Gesetz“ wie es Roscher (Ansichten p. 341) in diesen Vorgängen gefunden zu haben glaubt, späteren Geschlechtern unverständlich blieb, ob christliche Nächstenliebe den ‚Judenschlägern‘ eine gewisse Rechtfertigung angedeihen lassen wollte, vermag ich nicht zu entscheiden.

Nur an zwei lehrreichen Beispielen möchte ich die Umstellung der Datirung zu zeigen versuchen.

Aus der Hannoverschen Handschrift der Chronographie Conrads von Halberstadt theilt Wenck (Forschungen z. D. Gesch. XX. p. 292 ff.) einen längeren Passus mit, der die Zeit von 1342—1353 umfasst. Für 1348 und 1353 ist der Aufenthalt des Autors in Avignon bezeugt [3]). Es ist anzunehmen, dass er erst nach 1353 nach Niedersachsen zurück-

---

[1]) Die Borgfrist verlängern? Hegel: Chroniken D. St. IX. Glossar. p. 1098.

[2]) cf. Roscher „die Juden im Mittelalter, betrachtet vom Standpunkt der allgemeinen Handelspolitik.“ Zuerst abgedruckt in italienischer Sprache in Giornale degli Economisti, Maggio 1875, darauf deutsch in der Tübinger Zeitschrift für Staatswissenschaften 1875; neuerdings in der 3. Auflage von Roscher's „Ansichten der Volkswirthschaft vom geschichtlichen Standpunkte.“ Leipzig und Heidelberg 1878. Bd. II., p. 321—354.

[3]) cf. l. c. 294. „vidi et ibi“ und p. 297 „intellexi a viris autenticis in Avinione“.

kehrte, wo er zwischen 1355 und 1362 (Forsch. l. c. p. 288) sein Buch zusammenschrieb. Für die Vorgänge im Reich zur Zeit seiner Abwesenheit ist Heinrich von Hervords liber de rebus memoriabilibus seine Quelle. Während jedoch Heinrich die Reihenfolge der Ereignisse in genauer Datirung bestimmt[1]), nennt Conrad nur bei Gelegenheit der ersten Erwähnung der Pest das Jahr 1348 und indem er für die weiteren Ereignisse bis zum Jubeljahr jede Zahl vermeidet, hilft er sich mit unbestimmten Zeitangaben wie eodem tempore, hiis eciam temporibus. Ich setze den Text Heinrich's und seine Umarbeitung durch Conrad an der für die behandelten Fragen charakteristischen Stelle nebeneinander:

Henr. de Hervordia. p. 280.

Item hoc anno (1349) Judei per Thentoniam pluresque provincias alias universi cum mulieribus et parvulis ferro vel igne crudeliter et inhumaniter absumuntur, aut propter divitias eorum copiosissimas, quas plerique et nobiles et alii pauperes et indigentes vel etiam eorum debitores usurpare querebant; *quod verum esse credo*, sicut de templariis dictum est . . ; aut propter aquarum invenenationes per eos, ut asserunt quam plurimi, et fama communis est, nequiter et malitiose factas ubique terrarum; *quod verum esse non credo, quamvis illi fame fidem preberet pestilentia*, que tunc in mundo se*vissime* non tamen ubique continue, sed quandoque quasi in ludo scacorum subvolando de loco uno, in quo sevierat, per medium sine contagio ad tertium sevitura pertransiens, et forte post ad medium

Conrad. p. 294.

Item Judei, de quibus dictum est, per universas provincias cum mulieribus et parvulis inhumaniter interempti fuerunt aut propter invenenaciones aquarum per eos, ut asserunt quam plurimi, factas et ubique terrarum nequiter et maliciose, *cui fidem prebebat pestilentia*, que tunc in mundo sevissime tulit homines de medio, quandoque in uno loco, quandoque in alio ad alium locum pretermisso medio subvolanda (pertransiens) ad modum ludi scarorum, *nec ad loca, ad que Judei pervenire non poterant, pestilencia transiebat*; aut forte fuerunt perempti propter divicias

[1]) Judenverfolgung: 1349. (p. 280) darauf Geisselfahrt: 1349. (p. 281) Pest: 1350. (p. 274 und 284).

rediens; quasi eligendo grassaretur; ad loca quoque, que per hospites non fuerunt communiter accessibilia, non pervenire dicebatur, quasi illa per toxicum non essent vitiata.

eorum copiosissimas, quas plerique pauperes et indigentes sibi secundum quosdam usurpare querebant.

Ein zweites Beispiel giebt Zürich; es sind uns die beiden ältesten Jahrbücher dieser Stadt in einer Abschrift des fünfzehnten Jahrhunderts erhalten[1]. Das eine bis 1363 von Eberhard Müller, einem Ritter und Schultheiss von Zürich geführt, bringt über die besprochenen Vorgänge kein Wort, obgleich der Verfasser als Zeitgenosse unschätzbare Aufschlüsse hätte geben können. Das andere „Jahrbuch eines Ungenannten" reicht bis 1336 und ist von Gerhard Sprenger bis 1446 ziemlich dürftig fortgeführt.

Zum Jahre 1348 meldet er (p. 70): „was der groz tod in allen landen und was zuo herbest aller grost hie umbe. desselben jârs giengent ouch die gaiseleer" und fährt dann zum Jahre 1349 fort: „do gieng der grôz mortlich liumd uz von den juden, daz si alliu wazzer vergift haetint . . . und was der groest tod und daz ungehortest sterben in allen landen, daz man von anvang der welt uf ain zit allenthalb ni vernam."

Wir wissen, dass bereits mit Beginn des Jahres 1348 der „gross mortlich liund", die „fama communis" wider die Juden sich erhob, wir erfahren dass bereits am 21. September desselben Jahres die Juden in Zürich vernichtet sind[2], bevor noch die Geisselfahrt hundertfünfzig Meilen

[1]) ed. Ettmüller. Zürich 1844. Mittheilungen der antiquarischen Gesellschaft. Bd. IV.

[2]) Löwenstein: Geschichte der Juden am Bodensee 1879 p. 144 macht den Versuch den Judenmord für Zürich in Abrede zu stellen. Im Archiv für schweizerische Geschichte I, p. 111 wird eine Urkunde vom 23. April 1349 mitgetheilt, in welcher König Karl der Stadt Zürich ihre Freiheiten, Gewohnheiten und Rechte bestätigt und sie von aller Verantwortung wegen der Judenverfolgungen befreit, nachdem sie ihn uud das Reich deshalb zufrieden gestellt hat. Huber hat dieselbe als nicht in das Itinerar passend unter die uneinreihbaren Stücke gesetzt. (Regg. Imp. p. 634

westlich von Zürich ihren Anfang nimmt, wir wissen auch, dass erst 1349 die Pest in die Schweiz Eingang fand; — unser Gewährsmann setzt den Judenmord für Zürich zum 21, September 1349[1]) an und versichert ausdrücklich, dass die Juden „nit mit unredlicher sache, sondern von ir's grozen ungehörten mordes wegen verderpt wurden“.

Die Umstellung der Daten ist selbst in die jüdische Literatur des Mittelalters übergegangen. „In einer solchen Zeit“, schreibt Güdemann[2]), „wo eine Verfolgung die andere ablöste, kann füglich kein Fortschritt des geistigen Lebens, noch überhaupt ein geistiges Leben erwartet werden. In der That liegt die jüdische Literatur in der Periode, welche der schwarze Tod bezeichnet, ganz brach.“

Die mehrfach citirte Schrift Emek habacha, eine Compilation des 16. Jahrhunderts, hat die Irrthümer der späteren deutschen Chronisten vollständig übernommen[3]).

Ein letzter Umstand, der sich für die irrige Datirung des schwarzen Todes wirksam erweist, ist auf eine eigenthümliche wissenschaftliche Grundlage zurückzuführen.

Eine Reihe von Erderschütterungen hat um die Mitte des vierzehnten Jahrhunderts das südliche Europa beunruhigt. Am 25. Januar 1348 suchte ein Erdbeben die südöstlichen

---

No. 6362). Nach Meyer von Knonau ist dieselbe auch nach äusseren Anzeichen untergeschoben. Der Umstand aber, dass sie kurz nach dem angegebenen Datum in Zürich gefälscht ist, stellt die Thatsache der Judenverfolgung am Ort sicher.

[1]) „umbe S. Mathistag“ p. 72. cf. oben p. 7.

[2]) Geschichte des Erziehungswesens und der Cultur der Juden in Frankreich und Deutschland. Wien 1880. p. 241. In Deutschland und Frankreich schliesst mit dem schwarzen Tode die klassische Literaturperiode der jüdischen Wissenschaft. ibid. p. 252.

[3]) l. c. p. 52. „Die Juden hatten sich in Deutschland in der Landschaft Thüringen im Jahre 5108 (1348) sehr vermehrt, und da die Bewohner des Landes von Neid gegen sie erfüllt waren, trachteten sie danach jene zu tödten. Als nun damals viele erkrankten, sprachen sie: „Die Juden haben Gift in die Brunnen geworfen ...“ erhoben sich plötzlich gegen sie und erschlugen viele.“

Alpengebiete heim. Deutsche Quellen bezeichnen übereinstimmend die Stadt Villach als den Mittelpunkt dieser Gleichgewichtsstörung. Dem ersten heftigen Stosse folgten bis in den Sommer 1349 eine Anzahl meist schwächerer, so namentam 2. Februar und am 3. August 1349 [1]). Unter dem frischen Eindruck dieser Naturereignisse schrieb Conrad von Megenberg sein oben (p. 16) erwähntes „Buch der Natur" zu einer Zeit, wo die Pest, die bereits bis nach dem südlichen Baiern vorgedrungen war, Regensburg, seinen Aufenthaltsort noch nicht erreicht hatte. In dem Capitel „Von dem ertpidem" bezieht Conrad sich direkt auf diese jüngsten Vorgänge (p. 109): „von wârhait geschahen grôzeu dinch von dem ertpidem in Kârnden zu der stat Villach, do man zalt von Christi gepürt dreizehn hundert jâr dar nâch in dem aht und vierzigsten jâr an sant Pauls tag als er bekert wart. (Januar 25.) . . und was der ertpidem so stark und so grôz, daz er sich richt uns über Tuonawe (die Donau) in Mähren und auf gên Paiern uns über Regensburch und werte mê dann vierzig tag, alsô daz nach dem êrsten ie ain klainer kom dar nâch über estwie vil tag oder wochen. es kom auch in dem selben geperg ain mercleicher etpidem dâ nâch in dem anderen jâr an sant Stephanstag als er funden wart". (August 3.) Nach Megenberg's Auseinandersetzung ist es „der irdisch dunst" der sich aus dem Innern des Erdreichs einen gewaltsamen Ausweg verschafft, „wan der lang gestît in der erden beflozzen, sô fault er an im selber und wirt gar vergiftig. Daz prüfen wir an den verworfenen tiefen prunnen, die lang verworfen sint gewesen: wenn man die vegen wil und sie wieder auf wirft, sô sterben oft die ersten veger, die dar ein klimment. daz ist oft gesehen. wir prüfen auch daz an den perchknappen, die in die gruob varnt etc." Aus solcher Argumentation ergiebt sich eine bequeme Erklärung des Ursprunges der Seuche: „nu prüef: waz dunstes in dem grozen geperg beslozzen sei gewesen, der hat sich

[1]) Klosterneub. Chronik. (Arch. für Kunde österr. G. VII, p. 233); Contin. Norim. (Mon. S.S. IX, p. 674; Contin. Claustron. (ibid. p. 736); Annal. Mellicens. (ibid. p. 513); Conrad von Megenberg (p. 107 ff.).

gesament mannig jâr. dô der nu auz prach in die lüft, dô was nicht unpilleich, daz er vergifte den luft enseit des gepergs mêr dann über vil hundert langer meil und auch hie diesseits gar verr. das wart wol schein wan der groest sterben kam in dem selben jâr und in dem naechsten dar nâch, der nach Christi zeiten ie geschah."

Hier ist zum ersten Male eine wissenschaftliche Begründung des direkten Zusammenhanges der Pest mit gleichzeitigen Vorgängen im Naturleben versucht. Als im Jahre 1356 die Seuche zum zweiten Male am Niederrhein erschien, ist es die Limburger Chronik (p. 37), die durch glückliche Nebeneinanderstellung der Pest und eines Erdbebens, das am 18. Oktober desselben Jahres Basel zerstörte, einen unmotivirten Zusammenhang beider Vorgänge für die spätere Ueberlieferung vorbereitet.

In unmittelbarem chronologischem Anschluss an das Erdbeben vom 25. Januar 1348 melden vielfach spätere Geschichtschreiber den ersten Ausbruch der Pest.

Es lässt sich schlechterdings nicht erweisen, wie viel Antheil bei der Umstellung der Datirung dem Einzelnen, oder einer in bestimmter Richtung beabsichtigten Fälschung zuzuschreiben ist. Der Einfluss einer wissenschaftlichen Theorie, die, einer pragmatischen Darstellung scheinbar widerstrebende Aufeinanderfolge der Vorgänge, willkürliche Ergänzung der lückenhaften Ueberlieferung durch Verallgemeinerung fremder Quellen und schliesslich eine gewisse Tendenz, wie sie sich bei dem braven Compilator Conrad von Halberstadt nicht wohl verkennen lässt, sind ziemlich gleichmässig thätig gewesen; Jedenfalls verschob sich im Bewusstsein der späteren Geschlechter die richtige Reihenfolge der Ereignisse und diese corrumpirte Tradition hat Jahrhunderte lang unsere Auffassung beherrscht.

Es ist übrigens noch mehr Fremdartiges in die spätere Ueberlieferung hereingetragen worden. „mirum enarrandum a progenie in grogenies“ meint ein Chronist aus Kärnthen (Mon. Germ. Annal. Friesac. XXIV. pag. 67) mit Bezug auf das Erdbeben von Villach; und wie die Kunde von diesem Ereigniss ‚von Mund zu Munde rollend‘ in's Ungeheuerliche gewachsen ist, so werden eine ganze Reihe von unerhörten Vorgängen im Naturleben, die zu jener Zeit die Menschen in Schrecken gesetzt haben sollen, von der späteren Ueberlieferung treuherzig berichtet.

Es kann nicht in meiner Absicht liegen, all die absonderlichen Dinge an dieser Stelle zu wiederholen, die von mittelalterlichen Schriftstellern mit dem schwarzen Tode in causalen Zusammenhang gebracht worden sind. Nur so weit dieselben ihren Einfluss bis auf die heutige Auffassung geltend gemacht haben, verdienen sie Beachtung.

Was daher in den Quellen vom Zorne Gottes und dem Einfluss der Gestirne erzählt wird, liegt ausserhalb des hier verfolgten Zweckes.

Anders verhält es sich mit den Angaben über die der Pest voraufgehenden und sie begleitenden Naturereignisse, die bislang bei jeder Behandlung der Ursachen des schwarzen Todes eingehende Berücksichtigung gefunden haben.

Im Folgenden will ich zu prüfen versuchen, wie weit sie dieselbe verdienen.

Je später die Chronisten, desto mehr berichten sie von Erdbeben und Ueberschwemmungen, von Regenfluthen, gemischt mit Schlangen und Kröten, von Heuschreckenschwärmen und unerhörter Raubgier der Thiere, von giftigen Nebeln und unheimlichen Himmelszeichen, Cometen und Feuerkugeln, verbunden mit allerhand abergläubischen Geschichten.

Die medicinische Geschichtschreibung hat diesen ganzen Complex ziemlich ungeschmälert übernommen. Und während das vierzehnte Jahrhundert die überirdischen Einflüsse in den Vordergrund stellte und jener Dinge nur nebenher Erwähnung that, knüpfte die Folgezeit immer mehr an die letzteren an, bis schliesslich die historische Pathologie des neunzehnten Jahrhunderts auf Grund derselben den „kosmischen Ursprung" des schwarzen Todes „in einem unerhörten Aufruhr der Elemente über und unter der Erde constatirte, wie er in gleicher Ausdehnung nie wiedergekehrt sein soll."

Diese Anschauung Heckers (p. 39 ff.) bildet gleichsam den Abschluss jener Gedankenreihe, die mit Megenbergs origineller Theorie anhebt.

Die sehr zweifelhaften Grundlagen dieser weitgehenden Combinationen vermochte Hecker allerdings schwer zu erkennen. Zur Zeit als er schrieb, war von den musterhaften Ausgaben mittelalterlicher Geschichtsquellen so gut wie nichts vorhanden. Meist nur aus abgeleiteten Quellen, Werken des sechzehnten und siebzehnten Jahrhunderts, vermochte seine seltene Belesenheit Material zusammenzutragen. Es bedarf kaum des Hinweises, wie wenig zuverlässig die Nachrichten einer so späten Zeit über das vierzehnte Jahrhundert sind.

Eines der schlagendsten Beispiele ist „der verpestende Wind, der 1348 mit giftigem Anhauch unzählige Menschen in grausem Todeskampfe überwältigte" und den Hecker als „einen dicken riechenden Nebel" auch in „deutschen Nachrichten" wiederfindet. Er spielt eine Hauptrolle in der abenteuerlichen Ueberlieferung und Hecker hat nach seinen Quellen in der That Veranlassung zu bedauern, „dass in dieser ausserordentlichen Zeit, die bei tiefem Stande der Wissenschaft überaus arm an guten Beobachtern war, so wenig zuverlässiges über jene ungewöhnlichen Vorgänge im Naturleben aufgezeichnet worden ist," (l. c. p. 36). Er citirt als Gewährsmänner: Joh. Staindelii chronicon generale aus dem Ende des sechzenten Jahrhunderts (Oefele, S.S. rer. boic. I. p. 417), M. Cyriac. Spangenbergs Mansfelder Chronika (Eisleben 1572) und ein Nürnberger Land- Stadt- und Haus-Arzneybuch von 1695 (ibid. Anm 2). Und mit Bezug auf solche Quellen meint Hecker: „Ueber eine so handgreifliche Erscheinung konnte man sich nicht wohl täuschen, die Glaubwürdigkeit schlichter Ueberlieferungen, mögen sie auch physikalischer Forschung wenig genügen, kann bei Erwägung des Zusammenhanges der Ereignisse schwerlich in Zweifel gezogen werden.“ Daneben führt er freilich noch einen weiteren Zeugen an: Chalin de Vinario, ein Avignoner Arzt des vierzehnten Jahrhunderts, dessen Schrift „de peste libri tres“, in einem Druck des sechzehnten Jahrhunderts bekannt und verbreitet, allgemein als eine beachtenswerthe Quelle des vierzehnten Jahrhunderts gilt. Die erwähnte von Hecker benutzte Ausgabe ist nun aber keineswegs die ursprüngliche Schrift Chalins, sondern eine so freie Bearbeitung derselben, dass sie jeden Anspruch auf die Bedeutung einer gleichzeitigen Quelle verliert[1]).

Nicht viel besser als mit diesem Nebelschrecken verhält es sich mit den übrigen Angaben, die Hecker zum Beweis für „eine fortschreitende Ansteckung der Zonen, die den ganzen Erdball durchzuckte“, anführt.

Seine Autorität hat den Dingen eine gewisse Stütze gegeben, so dass auch Haeser trotz mancher Einschränkung in Berücksichtigung derselben zu weit gegangen ist. Der schwarze Tod erscheint nach seiner Darstellung, die sich eng an Heckers Ausführungen anschliesst, „eingeleitet und vorbereitet durch die heftigsten Erschütterungen der Erde und des sie umhüllenden Luftkreises“, (p. 98) und obgleich Haeser bekennt, „dass das wirklich Beobachtete vielfach zum Ungeheuerlichen entstellt wurde“ und nur „des Zuverlässigen und Wahrscheinlichen mit einigen Worten gedenken“ will (p. 106), ist doch die Kritik auf die Ueberlieferung nur sehr schüchtern angewendet. Offenbar legt er den späteren Chronikenschreibern zu viel Werth bei, wenn er z. B. berichtet, dass in Folge des Erdbebens vom 25. Jan. 1348 „Berge von ihrer Stelle bewegt, ausser Villach dreissig

[1]) Chalins Schrift, die für die Beurtheilung der Seuchenperiode von ausschlaggebender Bedeutung ist, wird in der Beilage IV. eingehender besprochen. Zugleich sind einige Stellen nach einer Danziger Handschrift vollständig mitgetheilt, da sich die Beweisführung in wichtigen Punkten sehr wesentlich auf Chalins Ausführungen stützt.

andere Orte in Kärnthen verwüstet wurden, in Istrien die Erde in Form eines Kreuzes sich spaltete, welchem Blut und Wasser zu entströmen schien, in Schwaben, Baiern und Mähren Burgen und Schlösser zusammengestürzt wären, und diese Erderschütterungen, deren Wirkungen 1348 bis nach Schleswig und Skandinavien gereicht, 1349 sich in Polen, England und dem nördlichen Europa wiederholt hätten, ohne bis zum Jahre 1360 gänzlich nachzulassen" (p. 107 ff). Das thatsächlich Erweisbare von alledem ist, wie Beilage II. z. J. 1348 zeigt, lediglich ein durch das Erdbeben herbeigeführter Bergrutsch in der Nähe von Villach und ausser der Zerstörung dieser Stadt, der Zusammensturz einiger Vesten in Kärnthen. Alle verheerenden Wirkungen des Erdbebens im übrigen Deutschland und im nördlichen Europa beruhen auf späterer Erfindung. Das ist ausser durch das Schweigen aller glaubwürdigen dortigen Annalen durch positive Zeugnisse hinreichend zu erweisen.

So bemerkt der Prager Domherr Franz: „1348 terre motus etc., sed in Boëmia minus, quia edificia non corruerunt" (Font. rer. Austriac. VIII. p. 596). Haeser beruft sich auf Mart. Crusii Annales Suevicenses III. Francof. 1596. p. 250. Der Bericht des Augenzeugen, der sich in diesem Buche findet, besagt aber nur, dass man die Erschütterung bis nach Schwaben hin verspürt habe, ohne verheerender Wirkungen im Zusammensturz von Gebäuden zu gedenken. Aehnlich, nur nüchterner im Ausdruck, lautet Megenbergs Bericht aus Regensburg (cf. oben p. 47). Wenn dagegen Crusius eine Reihe der obengedachten Züge aus Aventins Chronik von 1522 entnimmt: „terre motum 40 dies durasse in Moravia et Bararia, 26 urbes et castella prostrata esse, moenia, templa, aedes concidisse, duobus montibus concurrentibus urbes devoratas esse, homines cum pecoribus interiisse, corpora a spiritu terreno in salarias statuas diriguisse" so bekundet diese Blumenlese doch nur, wie bereit schon Aventin war, solche Fabeln weiter zu tragen. Für seinen Werth als Berichterstatter wird dadurch nur bestätigt, was der bairischen Ueberlieferung gegenüber Lorenz

(Geschichtsqu. I. p. 173) ausgesprochen hat, dass Aventin „durch die eigenthümliche Verquickung der unkritischen Erfindungen des fünfzehnten Jahrhunderts mit einer staunenswürdigen Belesenheit und urkundlichen Gelehrsamkeit eine ähnliche Stellung wie Tschudi in der Schweiz erlangte."

Nicht viel besser verhält es sich mit den Quellen, welche Haeser über Krankheiten der Pflanzen- und Thierwelt, häufige Frühgeburten u. dgl. heranzieht. „Wölfe drangen in das Innere der Häuser und entrissen Säuglinge den Armen ihrer Mütter"; die auch von Haeser mehrfach citirten Neuberger Annalen sagen eben so wunderlich das Gegentheil (cf. Beilage II. z. J. 1348).

Glücklicherweise gestatten uns die verbesserten Hilfsmittel unserer Zeit einen klareren Einblick in die Natur der chronicalischen Ueberlieferungen, und es ist wohl nur ein Act der Pietät, wenn Hirsch, der in seiner Herausgabe von Heckers Schriften wiederholt durch selbstständige Zusätze zeigt, wie klar er den grossen geschichtlichen Stoff durchdrungen hat, die diesbezüglichen Ausführungen Heckers nicht vollständig beseitigte.

Die Unhaltbarkeit derselben lässt sich aus dem Gesammtkreis der Quellen mit Sicherheit erweisen.

Zunächst ist für diesen Zweck festzustellen, was denn eigentlich die Zeitgenossen und Augenzeugen im Zusammenhange mit dem schwarzen Tode wirklich berichten, wie also die überlieferten Nachrichten an der Quelle selbst ausgesehen haben, ehe sie vom Hörensagen und von der Lust zu unerhörten Neuigkeiten in's Ungeheuerliche verzerrt, den späteren Chronikenschreibern zugegangen sind.

Die grosse Zahl gleichzeitiger Geschichtschreiber weiss bis zum Jahre 1348 so gut wie Nichts von aussergewöhnlichen Dingen im Naturleben. Erst mit der Nachricht von dem Herannahen der furchtbaren Krankheit tauchen allerhand wüste Gerüchte auf.

Jener schon oben (p. 4, Anm. 1) erwähnte Avignoner Brief, der als Beilage I. nach dem breve chronicon clerici anonymi wörtlich mitgetheilt ist, da die script. rer Prussic.

nur einen Auszug mit verschiedentlichen Zusätzen des Olivaer Mönches bringen, und die Brüsseler Ausgabe schwer zugänglich ist, weist uns auf den Ursprung all dieser wunderlichen Dinge, die schon in die gleichzeitige deutsche Uebersetzung übergegangen sind. Da hören wir allerdings die schrecklichsten Neuigkeiten: unter entsetzlichen Stürmen seien Kröten, Schlangen, Eidechsen und Scorpione in giftigem Regen auf die Erde gefallen, darauf hätte Blitz und Hagel unzählige Menschen getödtet und schliesslich Feuer und Qualm vom Himmel schlagend den Rest alles Lebens vernichtet. Aber wohlverstanden all dies soll: „circa yndiam majorem in orientalibus partibus in quadam provincia" vor sich gegangen sein, und aus eigener Beobachtung weiss der Schreiber absolut nichts Ungewöhnliches hinzuzufügen. Dass man trotzdem solchem Berichte in jener Zeit Glauben schenkte, kann schwerlich Wunder nehmen.

Das vierzehnte Jahrhundert steckt noch voll des unsinnigsten Aberglaubens. Jedes Märchen fand Verbreitung und williges Gehör. Ein Mann, wie der treffliche Abt Li Muisis[1]), der mit kritischem Zweifel das Wunderbare betrachtete, ist eine seltene Erscheinung.

Aber auf das Entschiedenste muss hervorgehoben werden, dass die gleichzeitigen Geschichtschreiber bei eingehendster Rücksichtnahme auf diese Vorgänge dieselben regelmässig in angemessener Entfernung etwa: „ubi zinziber nascitur." (Ann. Novim. Mon. S.S. IX. p. 674.) passiren lassen. Der kleinste sich bietende Anhalt hätte ihnen sicherlich genügt Aehnliches als Augenzeugen zu berichten. Geschäftige Vielschreiberei späterer Jahrhunderte erst hat reichlich nachgeholt, was die Zeitgenossen noch gewissenhaft vermieden;

[1]) De Smet. Rec. d. chron. de Flandre II. Mit peinlicher Genauigkeit sucht er den Thatbestand einiger Vorgänge festzustellen, die das Volk als religiöse Wundererscheinungen ausschreit „quia forte multi de talibus potuerunt facere mentionem. (p. 345.) Ereignisse von denen er nur unsichere Kunde erhält, übergeht er; „si talia registrarem, de quibus certitudinem non haberem, totum opus meum esset repropandum et in aliis mihi non crederetur". (p. 397.)

anfänglich ziehen die Compilatoren diese furchtbaren Dinge noch ohne nähere Localisirung heran, bis schliesslich der eigene Heimatsort zum Schauplatz derselben wird.[1])

Mit einigem Scheine bleibt schliesslich als diskutirbar nur die schon erwähnte Frage nach dem giftigen Winde übrig, für den sich wesentlich stichhaltigere Belege, als sie Hecker zu Gebote standen, beibringen lassen.

Am schwersten fällt hier eine Stelle aus dem Gutachten der Pariser Facultät[2]) vom Jahre 1348 ins Gewicht: „credimus autem presentem epydimiam siue pestem ab aere corrupto in sui substantia et non solum qualitatibus alteratis prouenire. quod sic intelligi volumus: aer enim simplex et clarus natura existens non putrescit nec corrumpitur nisi propter aliquid quod ei de vaporibus malis permiscetur.“ (cf. Beilage III.) Allerdings hat keiner der Gelehrten diese schädlichen Dünste gesehen; und wenn die Fakultät im October 1348 zu einer Zeit wo die Pest Paris noch nicht erreicht hatte[3]), die Befürchtung ausspricht: „venti . . . isti potuerunt vel possent forsitan in futurum suo impetu vapores malos putridos et venenosos aliunde ad

---

[1]) Ich bin nicht in der Lage die Berichte aus Asien, wo bereits seit 1333 „die gewohnte Bande der Natur sich gelöst häben sollen“ (Hecker p. 34; Haeser p. 106.) zu controliren. Jacob von Bern, der 1346—1347 die heiligen Stätten im Orient aufsuchte, weiss nichts Aussergewöhnliches zu erzählen. (Röhricht und Meissner, deutsche Pilgerreisen nach dem heiligen Lande. Berlin 1880 p. 1—64.)

[2]) In Beilage III. ist der wichtigste Theil des Gutachtens nach einer bisher unedirten Handschrift des vierzehnten Jahrhunderts mitgetheilt. cf. die Vorbemerkung.

[3]) Nach einem Witterungsbericht, der bis zum Herbst 1348 reicht, sagt das Gutachten: Quare pestilentiam hic futuram que tum est ex radice inferiori maxime quia obedit male inpressioni celesti possumus vniuersaliter formidare: praesertim quia coniunctio predicta fuit in signo occidentali. idcirco si futura hyems [1348—49] fuerit pluuiosa multum, et minus debito frigida epydimiam circa finem hyemis vt in tempore veris timemus futuram u. s. f. Irrthümlich setzt Haeser in einer chronologischen Uebersicht der Verbreitung des schwarzen Todes in Europa die Herrschaft der Pest in Paris für die Mitte des Sommers 1348 an. (l. c. p. 127.).

nos perducere seu transduxisse, so beweist das unzweifelhaft, dass man hier lediglich an eine unsichtbare Luftverderbniss dachte. Die gleiche Ansicht vertritt Chalin, der ausdrücklich hervorhebt, dass die Luftverderbniss, durch welche die „wirkliche Pest" erzeugt wird, für die Sinne nicht wahrnehmbar sei.[1]) Erst accidentelle Momente lassen nach seinen Auseinandersetzungsn im Verlaufe der Krankheit eine fühlbare Verschlechterung der Atmosphäre eintreten.

Es ergiebt sich also, dass man nicht auf Grund greifbarer Thatsachen argumentirte, sondern unter dem Einfluss einer wissenschaftlichen Theorie, wie sie ähnlich auch Megenberg vertritt, die Luftvergiftung annahm.

Wenn somit die in den gleichzeitigen Quellen enthaltenen Nachrichten über ungewöhnliche Vorgänge deutlich das Gepräge abenteuerlicher Phantasterei oder unklarer Theorien[2]) zeigen, so erübrigt nur die Naturerscheinungen und Witterungsverhältnisse aus den Jahren vor und während der

---

[1]) Man vergleiche hierzu den Text Dalechamps; „plerumque tamen sic tacito et obscuro vitio ut in nullo sensu nostro percipiatur" (p. 27) „obscurum interdum esse vitium aeris sub pestis initia ac menses primos hoc est argumento. quod cum nec odore tetro gravis nec turpi colore foedatus fuerit, sed purus, tenuis, frigidus, qualis in montuosis et asperis locis esse solet, vehementissima sit tamen pestilentia." (p. 28.) Bemerkungen, die dem Original entnommen, selbst den verallgemeinernden Satz Dalechamps über eine sichtbare Luftvergiftung hinfällig machen, oder doch wesentlich einschränken.

[2]) Der Glaube an eine schädliche Luftvergiftung hat sich bis in unsere Tage erhalten. In den von der Cholera-Commission des Deutschen Reiches (Pettenkofer, Boeger, Hirsch, Günther, Volz) gemeinsam ausgearbeiteten Untersuchungsplan heisst es:

„Die Annahme, dass eine wirksame Verbreitung des Krankheitsgiftes auf weite Entfernungen hin durch Luftströmungen erfolgen kann, findet weder in den bisher gemachten Erfahrungen eine hinreichende Stütze, noch ist sie a priori wahrscheinlich, da der Krankheitsstoff innerhalb grösserer Luftmassen wohl so verdünnt wird, dass er seine Wirksamkeit einbüsst." Denkschrift der Cholera-Commission. Berlin 1873. p.14. (cf. unten p. 61. Anm. 1.)

Pest direct aus Nachrichten zu ermitteln, die nicht unmittelbar auf den schwarzen Tod Bezug haben.

Für Deutschland sind die Angaben über den wirklichen Verlauf der Naturerscheinungen in den entscheidenden Jahren keineswegs dürftig; überdies sind Rückschlüsse aus den Ernteberichten auf die Witterungsverhältnisse zulässig. Es liesse sich ziemlich für jeden grösseren Bezirk ein Wetterbericht construiren. In der Beilage II. sind in diesem Sinne die einschlägigen Notizen aus den österreichischen Geschichtsquellen für die Jahre 1330–1370 zusammengestellt. Ich habe gerade dieses noch den Wirkungen der Erderschütterungen ausgesetzte Gebiet gewählt, weil hier wenigstens einige scheinbar auffallende Dinge gemeldet werden. Für Mitteldeutschland würde ein solcher Bericht noch nüchterner ausfallen. Uebrigens ergeben die Notizen gleichwohl ein vom Normalen durchaus nicht sonderlich abweichendes Bild, zumal wir bei der eingehenden Rücksichtnahme auf ungewöhnliche Vorgänge im Naturleben für die Jahre, welche nicht besonders erwähnt werden, normale Witterungsverhältnisse annehmen müssen. Somit fällt auch die letzte Stütze für den angeblichen Aufruhr der Elemente. Es bedarf kaum des Hinweises auf die Ergebnisse der modernen Naturforschung und der zuverlässigen Beobachtungen der Gegenwart. Ein Blick in die „Chronik der Erdbeben und Vulkanausbrüche"[1]) hätte genügt, um den causalen Zusammenhang zwischen diesen Erdrevolutionen mit grossen Volkskrankheiten in den Bereich der Märchen zu weisen, in so

[1]) von Hoff, Geschichte der natürlichen Veränderungen der Erdoberfläche, Bd. IV. und V. Gotha 1840. 41. Das Erdbeben, welches vor wenigen Monaten Agram zerstörte, hat eine lebhafte Diskussion angeregt. Ich erwähne zwei populäre Darstellungen, die interessante Resultate mittheilen: v. Hochstetter, „Ueber Erdbeben mit Bezug auf das Agramer Erdbeben vom 9. November 1880" in „Westermanns Monatsheften," Febr.-Heft 1881. p. 644 ff. und Fuchs, die Erdbeben und ihre Entstehung in „Unsere Zeit" ed. Gottschall 1881 p. 212 ff. Zunächst ist durch die Einführung der Statistik in die Erdbebenkunde der Anspruch Alexanders von Humboldt, dass unser Planet ununterbrochen solchen Reactionen des

gleichmässig zeitlicher Vertheilung kehren diese zerstörenden Ereignisse wieder.[1])

Es wäre unbegreiflich, wie sich diese Fabeln so lange in der Ueberlieferung halten konnten, wenn das analoge Bestreben, einen Zusammenhang der Vorgänge im Leben der Völker mit dem der Natur zu suchen, nicht bei allen älteren Geschichtschreibern wiederkehrte.

Jederzeit haben die Ernte-Erträge geschwankt; heftige Wetterausbrüche finden an irgend einer Stelle eines grossen Reichsgebietes alljährlich statt, ungewöhnliche Himmelszeichen sind früher so gut wie heute beobachtet worden, nur dass in jener Zeit solche Dinge als unverstandene Naturwunder die seltsamste Deutung erfuhren und die furchtbarsten Prophezeihungen sich an dieselben knüpften. Traten dann die vorausgesagten Folgen nicht ein, dann vergassen die Zeitgenossen in Kurzem den Kassandraspruch,

---

Erdinnern unterworfen sei, vollinhaltlich bestätigt. Es sind in den letzten fünfzehn Jahren (1865 — 1880) 4765 verschiedene Erdbeben bekannt geworden (Fuchs p. 212.). Auf Deutschland einschliesslich der österreichischen Länder entfallen davon 395. Wir dürfen also getrost zu den lückenhaften Aufzeichnungen des 14. Jahrhunderts noch einige ungezählte Erdstösse addiren, ohne irgend Gefahr zu laufen, die gewohnten Bande der Natur zu lösen. Uebrigens finden sämmtliche aus jener Zeit auf deutschem Gebiete gemeldeten Erschütterungen mit Ausnahme des Erdbebens von Basel (1356 Oct. 18) und einigen schwächeren Erdstössen, die 1357 in Frankfurt a. M. beobachtet wurden (An. Frankf. Boehmer, Font. IV. p. 395) im Alpengebiete statt. Auch noch heute „treten die Erderschütterungen am häufigsten und intensivsten in den südalpinen Gebieten, in dem das adriatische Meer umschliessenden Bogen der cadorischen, carnischen und dinarischen Alpen auf, und es wird diese Erdbebenzone geradezu als „die Schütterzone der südlichen und südöstlichen Alpen bezeichnet“ (v. Hochstätter p. 653.) Seit 1866 fanden in diesem Gebiete sechs grössere Erdbeben statt und die Stadt Villach liegt mitten in der Zone dieser auf Gesteinsverschiebungen zurückgeführten Erschütterunges.

[1]) Wer beweisen wollte, dass fortdauernd die Erde von Pest und anderem Unheil überzogen sein müsste, brauchte nur „Stanislai Lubiniecii Historia cometarum a diluvio usque ad praesentem annum una cum indiculo laetorum ac tristium eventorum etc. (Amstolodemi 1666) und Pingrés Cométographie (Paris 1683) zur Hand zu nehmen.

wie die Veranlassung zu demselben; nach Jahrhunderten aber tauchte er in den Compilationen der Localchroniker mit dem besten Glauben an seine Erfüllung wieder auf.[1]) Auch lokaler Störungen durch Theuerung und Hungersnoth, die in einer Zeit, wo ein Ausgleich der Marktpreise sehr erschwert war, häufiger als in unseren Tagen waren, gedenkt kaum noch die nächste Generation, wenn dieselben in einer Epoche eingetreten waren, die im grossen Ganzen unter den glücklichen Auspicien eines gedeihlichen Aufschwungs verlief. Aber wenn die Geschicke der Völker sich in absteigender Linie bewegen, oder schwere Schicksalsschläge Land und Leute heimsuchen, dann erfährt in der Ueberlieferung das local Beschränkte leicht eine verallgemeinerte Ausdehnung, das Ungewöhnliche wird übermässig aufgebauscht, und ein gut Theil mit mehr oder weniger Geschick hinzugedichtet. Die Geschichtschreibung hat dann gewöhnlich den Satz in Bereitschaft von einer Verschwörung der Natur mit anderen feindseligen Mächten wider das Menschengeschlecht.

Mit demselben Rechte wie für die Mitte des vierzehnten Jahrhunderts könnte man eben an jedem beliebigen Zeitpunkt einen Aufruhr der Natur constatiren. Es bedarf nur der Erinnerung an einige Vorgänge jüngster Zeit. Man denke an das Erdbeben von Agram, an die Ueberschwemmungen in Ungarn und in den Weichselniederungen, an die Hungersnoth in China, an den Nothstand in Oberschlesien und an die Verwüstung der Insel Chios, deren

---

[1]) cf. Beil. II. z. J. 1344. Noch interessanter ist folgender Fall: Ein Würzburger Chronist schreibt 1348: „multa mirabilia contingent, ut astrologus magnus attestatur . . . . . erit magna fames et mortalitas. hec vero iam in multis partibus Lombardie. magnus calor in aestate in hieme magna siccitas. semina corrumpuntur. vindicabitur vindicta novi regis. transfugabitur regina veneris. pulices, locuste et animalia venenose habundabunt et multa mirabilia in aere apparebunt. (Böhmer. Font. I. p. 473). Lersch (Kleine Pestchronik p. 31. Cöln, 1880.) citirt: „pulices, locuste et animalia venenosa habundabant", und macht so durch Umwandlung des Futurums in das Imperfect alle diese in Aussicht gestellten Schrecknisse zu unzweifelhaft Geschehenem.

Kunde uns dieser Tage durch die Zeitungen zugeht; das ist mehr als sich aus der Zeit des ersten Auftretens des schwarzen Todes mit Sicherheit nachweisen lässt.

Es fehlt durchaus jeder Anhalt, auch nur ungewöhnliche Vorgänge im Naturleben für die Mitte des vierzehnten Jahrhunderts zu constatiren. Damit ist es freilich noch nicht endgültig erwiesen, dass die Massenkrankheiten von kosmischen Einflüssen vollständig unabhängig sind. Aber es mag späteren Geschlechtern überlassen bleiben, in dieser Richtung einen Zusammenhang in die Vorgänge über und unter der Erde zu bringen. Vor der Hand ist „menschliches Wissen noch nicht so weit gediehen," und eine Einwirkung der überlieferten Natureinflüsse auf die Entstehung des schwarzen Todes ist bei dem Wegfall aller glaubhaften Zeugnisse irgend welcher Art unbedingt in Abrede zu stellen. Bei diesem negativen Resultat muss die historische Forschung stehen bleiben. Einen positiven Anhalt, wie diese Entstehung nach unseren Begriffen zu denken sei, geben uns glücklicher Weise die Resultate der heutigen aitiologischen Forschung, die ihrerseits durch Rückschlüsse auf Grund der in neueren Epidimien gesammelten Erfahrungen [1]) das tiefe

[1]) Für die Beurtheilung des schwarzen Todes ist in erster Linie die in unserem Jahrhundert näher beobachtete „indische Pest" von Bedeutung. Dieselbe hat, wie Hirsch ausführt, „in ihrem Auftreten und Vorkommen eine, man darf unbedenklich sagen, absolute Unabhängigkeit von klimatischen und Witterungseinflüssen gezeigt, . . . ebensowenig wie bezüglich des Klimas und der Witterung, lässt sich ein fördernder oder hemmender Einfluss auf die Pathogenese betreffs gewisser Bodenverhältnisse nachweisen" (p. 112 u. 113.). Glen äussert in seinem amtlichen Berichte über diese Krankheit (Quart. Journ. of the Calcutta med. Society 1837, p. 438) „the medical Board will perceive from this statement, how much more easy it is to say, what are not, tham what are the causes of this malady. Und Hirsch bemerkt hierzu (p. 112), „dass sogar einzelne der bei dem Vorhersehen der indischen Pest beobachteten Thatsachen erschütternd auf Anschauungen zurückwirken mussten, welche man bezüglich der Pestgenese im allgemeinen bereits positiv begründet zu haben glaubte."

Dunkel, welches über der Geschichte des schwarzen Todes in pathologischer Beziehung gebreitet lag, zu lichten vermochte.

Die heutige medicinische Wissenschaft constatirt eine gewisse Gleichartigkeit in dem Wesen der sogenannten Infections-Krankheiten.[1]) Die Krankheit selbst wird bei dem Individuum durch Aufnahme eigenthümlicher giftiger Substanzen (Mikroorganismen) in den Organismus verursacht. (Griesinger, Infectionskrankheiten p. 293.) Diese Substanzen sind in ihrem Ursprung und ihrer chemischen Zusammensetzung noch nicht völlig ergründet. Aber tausendfache Erfahrungen weisen immer wieder auf die mit allgemeinen socialen Missständen gegebenen Zersetzungsheerde organischer Stoffe als die gemeinschaftliche Quelle des Krankheitsgiftes hin. (Hirsch p. 114.) Hirsch geht von der Beobachtung aus, dass alle zu den sogenannten „typhösen Krankheiten" gezählten Krankheitsformen vorzugsweise üppig in den schmutzigen, stinkenden Höhlen der Armuth und des Elends gedeihen und sich verbreiten, dass sie unter dem Einflusse dieser oder ähnlicher hygienischer Missstände besonders häufig auftreten und mit Beseitigung derselben nicht selten zu verschwinden oder doch eine wesentliche Abnahme zu zeigen pflegen." (p. 113.)

Wenn Guy de Chauliac bei Erörterung der Ursachen der Pest neben der causa universalis agens, die er, wie alle Zeitgenossen, in überirdischen Einflüssen sucht, eine causa

[1]) Demensprechend heisst es in der Denkschrift der Cholerakommission für das deutsche Reich, (p. 8): „Die Commission möchte ferner gleich Eingangs einem Einwande begegnen, der vielleicht erhoben werden könnte, nämlich, dass der folgende Untersuchungsplan sich grösstentheils nur mit Gegenständen befasse, welche durchaus nicht specifisch für die Cholera sind, sondern mehr oder weniger bei jeder epidemischen Krankeit in Frage kommen. Die Kommission darf es als bekannt voraussetzen, dass Cholera. Typhus, Gelbfieber u. s. w. sich nur durch ihre specifische Natur und durch ihre Symptome von einander unterscheiden, dass sie hingegen in ätiologischer Beziehung vieles gemein haben." cf. Grawitz, Experimentelle Untersuchungen über prophylaktische Impfung in: von Langenbecks Archiv Bd. XXVI. Heft 13. Sep. Abdr. p. 9 ff.

particularis patiens unterscheidet: ut cacochimia et debilitatio et opilatio", (Haeser, Anfang, p. 176) so streift das sehr nahe an diese modernsten Anschauungen über die Pathogenese der Infectionskrankheiten.

Derartige Andeutungen, die sich freilich nur spärlich in den gleichzeitigen Quellen finden, mögen Hecker bis zu der Annahme verleitet haben, dass die unter dem Namen des schwarzen Todes bekannte Pestseuche sich durch rohe Lebensweise und Unkultur des Bodens zum Theil selbstständig im südlichen Europa entwickelt habe. (p. 41.). Diese Ansicht einer autochthonen Entstehung der Pest in Europa unterliegt nach Hirsch (q. 42.) sehr erheblichen Bedenken. Hirsch weist vor Allem die Ursprungstätte der Krankheit ausserhalb Europas nach; und da die historischen Quellen absolut keinen Anhalt geben, ihre Entstehung in der fernen Heimath zu erklären, so darf ich mich wohl auf die Wiedergabe seiner Ausführungen beschränken: demnach haben sich im fernen Osten die Keime der Weltseuche entwickelt, durch Contagium hat sich dann die Krankheit über ihre Ursprungstätte hinaus verbreitet und begünstigt durch hygienische Missstände des vierzehnten Jahrhunderts so furchtbare und anhaltende Verheerungen angerichtet.

Ueber das Auftreten des schwarzen Todes ausserhalb Europas stimmen die Berichte aller Zeitgenossen darin überein, dass die Krankheit sich von Osten her über den westlichen Theil Asiens und über Europa und Afrika verbreitet habe. Bezüglich des eigentlichen Ausgangspunktes der Ansteckung lauten die Angaben bei der damaligen Kenntniss fremder Welttheile allerdings sehr verschieden. Ohne dass wir daher der gelegentlichen Erwähnung ihres indischen Ursprungs (Hirsch p. 116) zu viel Gewicht beilegen dürfen können wir der Ansicht von Hirsch unbedingt beitreten, dass wir „in einigen nordwestlichen Gebieten Hindostans, und speciell in den am südlichen Abhange des Himalaya gelegenen Provinzen Garval und Kumaon die eigentliche Heimath der unter dem Namen des schwarzen Todes bekannt gewordenen Pestepidemien zu suchen haben."

Bei dem Mangel jeder exacteren Untersuchung und Schilderung der Krankheitserscheinungen hat man aus den ursprünglichen Quellen eine völlig klare Anschauung über die Natur der furchtbaren Epidemie des vierzehnten Jahrhunderts nicht gewinnen können. In schattenhaften Umrissen taucht das Bild jener vergangenen Tage auf. Mühsam sind aus dem Wust der arg entstellten Ueberlieferung die einzelnen Züge zusammenzutragen, die nur zu häufig unklar und verschwommen erscheinen. Aber wie mit einem Schlage kommt Schärfe und Klarheit in die unsicheren Linien, wenn plötzlich das Gespenst des vierzehnten Jahrhunderts unter die Augen unserer modernen Wissenschaft tritt. Durch ärztliche Berichte auf eine eigenthümliche, während der ersten Hälfte dieses Jahrhunderts in dem nördlichen Theile Hindostans beobachtete Krankheitsform aufmerksam gemacht hat Hirsch die Symptome derselben mit den Berichten über den schwarzen Tod in Vergleichung gestellt und den Beweis der Identität beider Krankheiten geführt.[1])

Schon Hecker hatte auf Grund vereinzelter Quellenangaben in dem „schwarzen Tode" eine durch Lungenaffection wesentlich modificirte Beulenpest erkannt, und Hirsch konnte gestützt auf ein reicheres Quellenmaterial und neuere Untersuchungen mit gutem Rechte die vollkommene Uebereinstimmung dieser eigenthümlichen Krankheitsform mit der indischen Pest constatiren. Es ist allerdings nicht zu leugnen, dass bei Schilderung des schwarzen Todes vielfach — und in den deutschen Quellen ist das fast ausnahmelos der Fall — lediglich die gewöhnlichen Erscheinungen der orientalischen Pest[2]) hervorgehoben werden, andererseits aber haben fast

[1]) Hirsch hat diesen Gedanken wiederholt vertreten, so namentlich in Virchows Archiv. V. p. 606; besonders in einem Anhang zu Heckers Geschichte des schwarzen Todes l. c. p. 101—117.

[2]) Drüsengeschwülste resp. Pestbeulen, Anthrax, typhöse Hirnerscheinungen etc. (Hirsch p. 101.) Nur die Annales Novimontenses M. G. S.S. IX. p. 77.) Florenz von Wewelinghovens Münstersche Chronik.

alle ärztlichen Beobachter die Lungenaffection als eine gerade dieser Pestepedemie wesentlich eigenthümliche Erscheinung in ihren immerhin mageren Berichten ganz besonders betont. „Eine Thatsache, deren ganzes Gewicht man recht versteht, wenn man sich mit dem stereotypen Charakter der damaligen ärztlichen Literatur bekannt gemacht hat" (Hirsch p. 102.)

Uebrigens wird selbst durch die Ungleichheit der im vierzehnten Jahrhundert beobachteten Krankheitserscheinungen die Behauptung von Hirsch keineswegs alterirt. Es heisst ausdrücklich von der indischen Pest: (p. 107.) „Nicht immer verlief die Krankeit mit der Summe der hier geschilderten Zufälle; namentlich erscheint der Umstand wichtig, dass der Krankheitsprozess sich häufig nur einem der beiden wesentlichen Localisationsheerde, den Lungen oder den Lymphdrüsen, zuwendete und so gewissermassen eine Theilform der Krankheit zur Beobachtung kam. Daher unterschied das Volk in der Epidemie 1819—1821 in Gudseherat [ganz so wie verschiedene Beobachter des vierzehnten Jahrhunderts[1]] die Bubonenkrankheit und die Lungenkrankheit."

Ueber die Natur der Krankheit kann nach diesen klaren Auseinandersetzungen von Hirsch ein Zweifel nicht mehr obwalten, und wir dürfen nur noch einen Blick auf die Verhältnisse werfen, in welche sie mit ihren verheerenden Wirkungen eingriff.

(ed. Ficker 1851) p. 48 und Huguenin, les chroniques de la ville de Metz. 1838 p. 89. erwähnen das Lungenleiden. Eine wesentliche Stütze erhält die Behauptung von der Identität des schwarzen Todes mit der indischen Pest durch die Krankheitsschilderung des Avignoner Briefes. cf. Beilage I. p. 2.

[1]) So die Gesta Trevirorum II. p. 263. In gleicherweise spricht sich der Avignoner Brief aus (cf. Beil. I.). Am bezeichnendsten ist die Bemerkung einer Metzer Chronik. (l. c. p. 89). „En cestedite anné meysme (1349) avec la mortalité de peste qui estoit lors, rengnoit encore

Schmoller hat gelegentlich in kurzen Umrissen ein Bild der Bevölkerungsbewegung des Mittelalters in Deutschland entworfen.[1]) Im 13. Jahrhundert ist nach seiner Darstellung (p. 299) „bei der damaligen Technik, den mangelhaften Wegen und Wasserbauten, dem grossen Wald- Weide- und Jagdbedürfniss vielleicht schon von dem vierten Theil der heutigen Bevölkerungszahl der Nahrungsspielraum ausgefüllt, von einer Stockung und Anstauung der Bevölkerung kann für diese Zeit bei dem ungeheuren Abfluss für die Städegründungen, die Kreuzzüge und die Colonisation Deutschlands jenseits der Elbe noch nicht die Rede sein.“ Im Beginn des vierzehnten Jahrhunderts hat sich jene „grosse volkswirthschaftliche Revolution“, die Schmoller in der Umwandlung eines Bauernvolkes zu einem Volke mit Städten, Grosshandel und Industrie und im Uebergange von der Naturalwirthschaft zur Geld- und Creditwirthschaft sieht, definitiv vollzogen.[2])

Es ist eine anziehende Schilderung die Schmoller von dem plötzlichen Emporwachsen des Handels und der Industrie, von den aufblühenden Grossstädten und dem regen Treiben ihrer Insassen giebt.

Der Eintritt des popularen Elements in die Stadtverwaltung Strassburgs von 1332 bildet gewissermassen einen bedeutsamen Abschnitt in der Entwickelung des gesammten deutschen Lebens. Die frische Bethätigung aller Kräfte fängt an sich auf heimischem Boden zu concentriren. Aber damit findet zugleich die „unerhörte Zunahme der Be-

---

une aultre malaidie plus dangereuse, provenant avec crachait de sang et sie contagieuse que non seulement per communication de l'un à l'autre, mais de regarder l'ung à l'autre, estoient surpris deladite maladie.“

[1]) Die historische Entwickelung des Fleischkonsums sowie der Vieh- und Fleischpreise in Deutschland. Tübinger Zeitschrift für Staatswissenschaft 1871. p. 284 ff.

[2]) Strassburgs Blüthe und die volkswirthschaftliche Revolution des dreizehnten Jahrhunderts. Strassburger Rectoratsrede von 1874 abgedruckt in: Qellen und Forschungen zur Deutschen Geschichte. Heft. VI.

völkerung" nicht mehr den bisherigen Abfluss. Schon mit dem Ende des dreizehnten Jahrhunderts war die Begeisterung für Befreiung des heiligen Grabes allmählig eingeschlafen, die Städtegründungen hören fast ganz auf und auch der Abzug nach dem slavischen Osten erfährt eine langsame aber stetige Abnahme. In der ersten Hälfte des vierzehnten Jahrhunderts mag die deutsche Colonisation daselbst ihre weiteste Ausdehnung erlangt haben. Zunächst tritt freilich nur ein Stillstand in der Bewegung ein, bis der selbstständige nationale Geist, der sich seit Wenzels Regierungsantritt in Böhmen und Polen zu regen begonnen, so weit erstarkte, dass er mit Beginn des fünfzehnten Jahrhunderts den deutschen Einfluss zurückzudrängen vermag.[1])

Bis in die Mitte des vierzehnten Jahrhunderts ist absolut kein Grund vorhanden, der einer steten Steigerung der Volkszahl widerspräche. Und wie für Deutschland, so möchte ich auch für das übrige Europa den Höhepunkt der Kopfzahl bis zum unmittelbaren Eintritt des schwarzen Todes hinaufschieben und sogar eine gewisse Uebervölkerung annehmen. Vor allem muss in den rasch aufblühenden Städten das Proletariat rapid angewachsen sein, auf verhältnissmässig engem Flächenraum müssen grosse Menschenmassen eingepfercht gewesen sein, wenn man irgend eine Erklärung für die enormen Verlustziffern finden will, die uns überliefert werden.

In solch einer mittelalterlichen Stadt, von Wall und Graben umschlossen, mit engen, winkeligen, ungepflasterten Gassen musste die Seuche sich üppig entwickeln können.

---

[1]) Meitzen. Die Ausbreitung der Deutschen in Deutschland und ihre Besiedelung der Slavengebiete. Sep.-Abdr. aus den Jahrbüchern für Nationalökonomie und Statistik, Bd. XXXII. p. 8. Jena 1879.

Man darf sich dabei nur jene Zeit in ihren Anschauungen vergegenwärtigen, die jeder vernünftigen hygienischen Massregel absolut widerstrebten. Asketische Vernachlässigung der Leibespflege galt als Verdienst.· Die heilige Agnes war kanonisirt worden, weil sie sich aus Frömmigkeit jedes Bad versagte.[1]) Erzbischof Ernst von Prag verordnete in seinem Hirtenbrief „de spiratualibus remediis in peste adhibendis“ von 1359 cf. oben p. 31) Prozessionen, Anrufung von Heiligen, Busse und Fasten als heilkräftige „antidota“ und die grosse Theilnahme an der Geisselfahrt, wie der ungeheure Menschenandrang nach Rom zu dem auf 1350 anberaumten Jubeljahre beweist, wie mächtig der Glaube an derartige Präventivmassregeln war und wie völlig man die Gefahr solcher Menschenanhäufungen zur Zeit von Volkskrankheiten übersah.

Die Lehre von dem Zorne Gottes und dem Einfluss der Gestirne beherrschte die Gemüther und lähmte Einsicht und Kraft dem Uebel erfolgreich zu begegnen. Noch 1430 richtet Vincenz Swofheim von Liegnitz in seinem „regimen preservationum ab epidemia“ sich gegen den Vorschlag der Aerzte, dass man zur Vermeidung der Ansteckung mit der Reinigung des Körpers den Anfang machen müsse und verlangt in erster Linie die Reinigung der Seele, weil die Pest ein Diener des göttlichen Zornes sei. (Klose, Gesch. von Breslau. II. 2. p. 293.)

Dazu kamen abscheuliche Missbräuche in der Handhabung des Leichenwesens. Durchweg wurden die Todten nach alter Gewohnheit in den stark besuchten Kirchen beigesetzt, oder doch innerhalb der Stadtmauern begraben. Man hat den schwarzen Tod als die „Wiege der Sanitätspolizei des Mittelalters“ bezeichnet, und das Wort enthält viel Wahres. In Erfurt wurde auf den Rath der „magistri

---

[1]) Krieger, Beiträge zur Geschichte der Volksseuchen. Heft 10 der „Statistischen Mittheilungen über Elsass-Lothringen.“ Strassburg 1879. p. 145.

physici" die Leichenbestattung innerhalb der Stadtmauern verboten (chron. Sampetr. p. 181), dieselbe Massregel kam in Magdeburg zur Anwendung (Schöppenchr. p. 218), in Wien wurde ein Gottesacker ausserhalb der Stadtthore geweiht propter fetorem et horrorem cadaverum (cont. Nov. S. S. IX. p. 676). Aber solche Bestimmungen lassen sich nur äusserst spärlich nachweisen. Fast überall ging es im alten Schlendrian weiter, ja man liess in der entsetzlichen Zeit die Todten unbeerdigt liegen, und so wenig begriff man die Verderblichkeit des verpestenden Leichengeruches, dass noch 1463 gelegentlich einer verheerenden Epidemie in Augsburg die Todten mitten in der Stadt in grossen Gruben verscharrt wurden (Hegel. Chron. D. St. V. p. 293 ff.).

Die Geschichte des Aussatzes, der im Mittelalter ein stehendes chronisches Leiden war, (Haeser, Lehrb. d. Gesch. d. Medicin III. p. 70—98) giebt uns eine deutliche Vorstellung der allgemeinen socialhygienischen Verhältnisse jener Zeit. Schmutz, Elend und Unsittlichkeit waren die mächtigen Bundesgenossen des schwarzen Todes. Auch als Förderungsmittel in diesem Sinne können wir den Naturereignissen nur einen sehr beschränkten Einfluss einräumen. In vereinzelten Districten mögen immerhin anormale Witterungsverhältnisse und in deren Gefolge starke Durchfeuchtungen des Bodens oder Dürre und Hungersnoth die Prädisposition für die Ansteckung ihrerseits noch erhöht haben, aber diese Theilnahme der Naturkräfte an dem Vernichtungswerke geht nirgend ersichtlich über ihren längstgewohnten und alltäglichen Umfang hinaus. Von ausschlaggebender Bedeutung waren die angedeuteten Missstände, die nicht erst durch gewaltsame Störungen des Naturlebens in die damalige Welt hineingetragen zu werden brauchten.

Es sind dieselben Ursachen, die eine so ungewöhnliche Intensität und eine so anhaltende Dauer der Seuchenperiode gezeitigt haben.

Hecker hielt den Zeitraum des verderblichen Wüthens dieser Krankheit für ganz Europa mit Ansnahme von Russland mit dem Jahre 1350 für abgeschlossen. Die Seuchen, die späterhin oftmals wiederkehrend die Völker heimsuchten, zählt er nicht mehr zu dem „grossen Sterben", sondern bezeichnet sie „als gewöhnliche Pesten ohne Lungenaffection, wie in der Vorzeit und in den nächsten Jahrhunderten, hervorgerufen durch überall verhaltenen Ansteckungsstoff, der bei jeder günstigen Gelegenheit neuen Boden gewinnen konnte." (p. 52). Haeser erwähnt dagegen, dass mehrere Schriftsteller die Herrschaft des „grossen Sterbens" bis zum Jahre 1360 ausdehnen (p. 183) und Hirsch hält es „für unzweifelhaft, dass wenn auch nicht alle, so doch viele der in den folgenden Jahren bis vielleicht 1380 beobachteten Pestepidemien unter den Erscheinungen des schwarzen Todes verlaufen sind." (52. Anm. 3.)

Man sieht deutlich, dass der Umstand der immer seltener werdenden Erwähnung der Lungenaffection in den chronikalischen Aufzeichnungen die verschiedene Bemessung der Seuchenperiode veranlasst hat.

Wenn wir die Quellenangaben verfolgen, so ergiebt sich einerseits, dass die Zeitgenossen mehrere Jahrzehnte lang über das Jahr 1350 hinaus wiederholt und bestimmt die Ansicht eines Zusammenhanges der späteren Epedemien mit dem sogenannten schwarzen Tode ausgesprochen haben, andererseits lässt sich ein abschliessender Termin für die Continuität der Seuche nicht festsetzen.

Der ursprüngliche Character des schwarzen Todes erfährt allmälig eine Modification. Die Lungenaffection wird immer seltener beobachtet, fast durchgängig erscheint in den späteren Epidemien die Seuche in jener Theilform, in der sich der Krankheitsprozess nur einem der beiden Localisationsheerde, und zwar vorzugsweise den Lymphdrüsen zuwendet, und nähert sich somit immer mehr der gewöhnlichen Beulenpest. Es ist das nicht anders zu erklären, als dass die krankheitserregenden Mikroorganismen in ihrer Fortpflanzung allmählich gewissen spontanen Modificationen bis zu völligem Erlöschen ihrer malignen Wirkung unterliegen, wie dies Gravitz auf Grund experimenteller Beobachtungen nachgewiesen hat. (Vortrag, gehalten in der ersten Sitzung des Congresses der Deutschen Gesellschaft für Chirurgie zu Berlin, am 6. April 1881. Abgedr. in v. Langenbecks Archiv Bd. XXVI. Heft 3.)

Beobachter, die das erste Erscheinen des schwarzen Todes noch selbst gesehen hatten, mögen die Analogie auch bei dem schwächer ausgeprägten Charakter der späteren Seuchen herausgefunden haben. Ein neues Geschlecht, in dem eine persönliche Erinnerung an die ursprüngliche Bösartigkeit der Krankheit nicht mehr lebte, hatte keine Veranlassung, in secundären Erscheinungen der zu einer gewohnten Landplage gewordenen Pest einen Zusammenhang mit dem schwarzen Tode zu suchen.

Gang und Verbreitung des schwarzen Todes in Deutschland in den Jahren 1348 bis 1351 sind oben eingehend dargestellt worden. Ein flüchtiger Blick auf die späteren Epidemien genügt, um die erforderlichen Belege dafür zu erbringen, dass man im 14. Jahrhundert an einer Continuität derselben Seuche, die im Jahre 1348 Deutschland zum ersten Male heimgesucht hatte, nicht im geringsten zweifelte. Mit Ausgang des Jahres 1351 scheint für Deutschland eine Pause in der Sterblichkeit eingetreten zu sein. Erst im Jahre 1356 hören wir mit Bestimmtheit von dem Wiedererscheinen derselben Krankheit[1]): „in demselben Jahre erhob sich ein

[1]) Das Chronicon Sampetrinum (p. 181.) meldet bereits zum Jahre 1354 eine „pestilentia epydemialis“ für Erfurt. „in aliquibus hospitiis per mensem 7 vel 8 vel amplius moriebantur.“ Eine nähere Angabe über die Natur der Krankheit fehlt; die geringe Sterblichkeit scheint der Annahme eines erneuten Ausbruchs des sogenannten „schwarzen Todes“ zu widersprechen. Wie elastisch übrigens der Ausdruck „pestis“ angewendet

grosser Jammer und kam das zweite grosse Sterben, also dass die Leut an den Enden sturben in Teutschland mit grossen Haufen an derselben Seuche, als sie sturben im ersten Sterben." Diese Nachricht der Limburger Chronik (p. 37) findet eine Ergänzung in den Frankfurter Annalen: „a. d. 1356 magna in oppido Frankenfurt pestilencia ... glauces circa crura vel brachia vel alibi in corporibus habentes moriebantur." (Font. IV. p. 395). 1357 erstreckt sich die Seuche östlich bis an die Grenzen der Mark Brandenburg und südlich bis nach Baden und Baiern. (Diessenh. Böhm. Font. IV. p. 112. Ann. Zwifaltens. Mon. S. S. X. p. 62.) Die Magdeburger Schöppenchronik (Stchr. VII. p. 223) berichtet zu diesem Jahre ein: „grot stervent," und fügt hinzu: „es was de sucke der lude als vor wesen hadde over seven jaren, also dat den luden drose wurden under den armen oder an dem halse odder boven an den beinen." Im folgenden Jahre finden wir das ganze südwestliche Deutschland von der Pest überzogen: „1358 mortalitas viguit in dyocesi Constancia maxime circa Danubium in Ulma et usque ad lacum in Constantia et aliis locis circumiacentibus et duravit ad annum 1359 et tunc cepit cessare. sed a festo s. Jacobi (Jul. 25) usque ad annum prescriptum 59 scolares in Constantia mortui sunt et omnes habuerunt apostemata qui illa pestilencia decesserunt exceptis paucissimis" (Diessenh. Font IV. p. 113.)

Ueber den Gang der Ansteckung berichten Closener

---

wurde, zeigt eine Stelle aus Heinrich von Hervords liber de rebus memoriabilibus, (p. 283) wo der Tod einiger Arbeiter in Folge von Vergiftung durch Grubengas (anno 1351 in Hameln) als „pestis quedam singularis" bezeichnet wird. Im allgemeinen war im Mittelalter die etwas umfangreiche Definition, welche Galen (Commentar zum 3. Buch der hippokratischen Epidemien) gab massgebend: wenn eine Krankheit an einem Orte viele Menschen befällt, so ist sie epidemisch; wenn sie auch viele von ihnen tödtet, so ist es eine Pest." (Griesinger. Infectionskrankheiten p. 293.) cf. die sonderbare Ethymologie Chalins, die in Dalechamps Bearbeitung vollständig verwischt ist.

(p. 112) und Königshofen (p. 771) aus Strassburg, wo „ein gemein sterben“ gleichfalls im Jahre 1358 neue Opfer forderte „daz kam von Niderlant heruf, do kam das erst von Oberlande herab.“ Diese Richtung der Krankheit von Norden nach Süden wird auch durch Guido von Chauliac bestätigt, welcher seinen Bericht über die Pest in Avignon mit den Worten schliesst: „post vero anno sexagesimo retrogando de Alemanie et partibus septentrionalibus revenit ad nos mortalitas et incepit versus festum S. Michaelis cum bootiis, febribus, carbunculis, anthracibus, paulatin augmentando et aliquoties interpolando usque ad medium anni sexagesimi primi. Et postea ita furiose usque ad tres sequentes menses duravit, et non dimisit in multis locis medietatem gentium. Differebat tamen ab alia praeterita, quia in prima plures decesserunt populares in ista vero plures divites et nobiles, et pueri infiniti, et mulieres paucae“ (Guidonis de Cauliaco, Chirurgia. Tract. II. cap. 5, Haeser. Anh. p. 176).

Inzwischen wird 1359 und 1360 von Westen nach Osten vorschreitend die Nord- und Ostseeküste von Neuem entvölkert (Detmar. p. 281 und 282. Simon von Grunau p. 601), während gleichzeitig Oesterreich zum zweitem Male von der Pest heimgesucht wird. (cf. Beil. II. z. Jahre 1359.) 1359 schreibt Heinrich der Teichner[1]) in seinem Liede „von der werlde irreganc“ mit Bezug auf den schwarzen Tod:

„daz wunder, daz got hât getân
mit dem tôde an froun un man,
iezo mêr dan zehen jâr.“

Ende der fünfziger Jahre wird endlich auch die Ansteckung mitten durch Deutschland in die bis dahin verschonte östliche Hälfte des Reiches getragen. Bereits oben (p. 31 ff.) sind für Böhmen, Schlesien und Polen einige Notizen angezogen.

Wie die Pest über die Grenzen Deutschlands hinaus

[1]) cf. v. Karajan in: Denkschr. der Wiener Akad. phil. hist. Classe. Bd. VI. Wien 1855. p. 92.

die Länder von neuem mit ihren Schrecken erfüllte, gehört nicht mehr in den Rahmen dieser Darstellung.

Von neuem verschwindet der unheimliche Gast für eine Reihe von Jahren. Erst in das Ende der sechziger und Anfang der siebziger Jahre fällt das dritte Auftreten der Krankheit. Dass man auch diesmal eine Wiederkehr derselben Seuche, die schon zweimal ihren Zug durch Deutschland gehalten hatte, erkannte, beweist eine Bemerkung der Matseeer Annalen, dieselben melden zum Jahre 1369: tunc iterum saviut pestilentia glantium satis ferocissima; ut opinatur singulis annis evenit a magna pestilentia que incepit anno domini 1349. Ich unterlasse den genauen Nachweis der diesmal inficirten Gebiete; ein zusammenhängendes Bild von dem Gange der Ansteckung vermag ich schon darum nicht zu geben, weil ich mich im wesentlichen auf Deutsche Geschichtsquellen beschränkt habe, und zu diesem Zwecke die gesammte Ueberlieferung der übrigen Länder in gleicher Weise zu Rathe zu ziehen wäre.

Nur zwei ärztliche Gutachten will ich hier heranziehen. Das Erste ist ein Schreiben eines Lütticher Arztes[1]) vom Jahre 1370. Dasselbe findet sich in Cod. Ampl. 4⁰ 192 fol. 146—148 der Königlichen Bibliothek zu Erfurt.[1]) Auf fol. 148 heisst es in diesem Schriftstück: „item non credat quisquam istam pestilenciam racione coniunccionis saturni et jouis et aliarum planetarum in anno preterito 69 prevenisse, sed est de reliquiis coniunccionis iam dudum facte videlicet anno 45, quia adhuc restant reliquie effectus eius. Aus dem Schlusswort (fol. 148b): Reuerendi domini pietate motus et in casu gencium compaciens vobis hanc cedulam mitto, ut in hoc morbo . . . unusquisque sui ipsius phisicus

[1]) Es sind im wesentlichen dieselben Anschauungen, die wir aus Guy de Chauliac und Chalin de Vinario kennen. Ein Abdruck der Handschrift erscheint daher überflüssig. Auf fol. 146b, nennt sich der Verfasser: „Johannes de Burgundia aliter dictus cum barba ciuis leodinensis et artis medicine professor;" kurz vorher erwähnt er eine vierzigjährige Praxis „hoc pluries operando expertus sum per xl annos." Der Adressat ist nicht zu ermitteln.

sit et in hoc pestilencia se regere sciat et preseruare .... detis ergo si placet copiam omni petenti non tantum pro tempore instanti sed eciam pro temporibus futuris," ergiebt sich, dass die Fortdauer der Seuchenperiode mit Bestimmtheit erwartet wird.

Noch praeciser spricht sich Chalin de Vinario aus: Im Jahre 1382 (cf. unten Beil. IV.) schreibt dieser Avignoner Arzt seine Beobachtungen nieder. Rückblickend auf die seit 1348 in Avignon stattgehabten Pestepidemien behandelt er dieselben als Glieder einer in vollständigem Zusammenhange stehenden Seuchenperiode, deren Ursprung er, genau wie Guy de Chauliac (Haeser p. 175) Detmar (p. 269), das Gutachten der Pariser Facultät und der eben erwähnte Joh. de Burgundia von einer unglücklichen Constellation der Gestirne im Jahre 1345 herleitet. Das Symptom der Lungenaffection hebt er als ein allen von ihm beobachteten Epidemien gemeinsames hervor. Der Umstand, dass auch er die Fortdauer dieser Seuchenperiode in Aussicht stellt, ist entscheidend für unsere Auffassung.

Eine interessante Zusammenstellung findet sich schliesslich im fünften Capitel von Könighofens Strassburger Chronik. (Hegel. Chr. D. St. IX. p. 769 ff.). Er bespricht die schon erwähnten Seuchenjahre von 1349 und 1358. Darauf meldet er „ein sterbotte" a. 1363. des weiteren: „1381, do was ein grosser sterbott in dem summer zu Strosburg: den schetzte man also gros und langewerende, also ie keiner vor was zu Strosburg gewesen." Königshofen unterscheidet von dem „sterbotte" ganz bestimmt eine anderweite Volkskrankheit, so erwähnt er für die Jahre 1387, 1403 und 1414 „eine siechtage von dem flosse und husten, genannt der ganser oder der bürzel", wenn er dann fortfährt „do men zalte 1397 jor, do kam aber ein sterbotte gein Strosburg und in das lant dorumb: ein gefueger, doch werte er me denn zwei jor ... und stürbent die lüte an der bülen", so ist hier wohl zweifellos im Gegensatz zu jener andern Krankheit ein Wiederausbruch der Pest gemeint. Er erzählt darauf von einem „crüzegang“ im Jahre 1398 „das got solte dis sterben wenden. Donoch werte das sterben bescheidenliche, und ie so es ein jor oder ein halbes ufgehorte, do ving es denne wieder anc, doch bescheidenliche und das treip es wohl 8 jor nohenander.“ Noch ruhiger lautet die nächste Notiz: „do men zalte noch gotz geburte 1410, do geschah auch ein semelich crüzegang für den sterbotte der dozuomolen zu Strosburg was.“

Bis zum Ausgang des vierzehnten Jahrhunderts ist in der Folge fast kein Jahr, das nicht irgendwo ein „Sterben“ aufzuweisen hätte. Die Angaben entsprechen vollständig den Bemerkungen Königshofens. Auch das fünfzehnte Jahrhundert bringt wiederholt Pestausbrüche. Eine bestimmte Andeutung über die Identität dieser Epidemien mit dem schwarzen Tode habe ich nirgend auffinden können. Die Krankheitsschilderungen zeigen fast durchweg das Bild der gewöhnlichen orientalischen Beulenpest.[1]) Der unbefangene Beobachter wird sich den Eindruck schwerlich entziehen, dass man in diesen Zeiten die regelmässige Wiederkehr epidemischer Krankheiten als etwas ganz Gewöhnliches und Selbstverständliches ansah. In recht naiver Weise lässt das Conrad Stolle, ein Chronikenschreiber aus dem Ende des fünfzehnten Jahrhunderts durchblicken. Derselbe berichtet aus Erfurt von einer Theuerung im Jahre 1483 und fährt dann fort: „es was ouch zu der czit sere fele folkes, wanne innewendigk zwenzig iare was nye keyn recht sterben gewest. Es was auch selden eyn par volkes, sye hatten achte, neuen oder czeen kindere“ (Bd. XXXIII, der Bibl. des Stuttgarter litterar. Vereins. p. 191.) Und noch deutlicher spricht sich Burkard Zink bei Gelegenheit einer Epidemie in Augsburg im Jahre 1462 und 63 aus: „wiewol doch ie vil leut sturben,

---

[1]) Dass übrigens das Blutspeien auch nach dem vierzehnten Jahrhundert in mehr oder weniger ausgeprägter Weise als Symptom der Pest aufgetreten ist, bemerkt Groshans: Historische Antekeeningen. Amsterd. 1869. p. 9 ff. Haeser p. 139.

so gab niemant nichts darumb, dann wem geschah, der muest den schaden han, es wollt auch niemant den tod weder fliechen noch fürchten: es floch niemant auss der stat, es ward niemant dester diemüetiger noch dester gotsförchtiger.' (Chron. d. St. Bd. V. p. 293.)

Ich kann den Verlauf dieser grossen Seuchenperiode, deren Beginn durch das erste Auftreten des schwarzen Todes bezeichnet wird, nicht fasslicher zur Anschauung bringen, als durch den Hinweis auf eine Analogie, die sich so zu sagen unter unsern Augen vollzogen hat und noch vollzieht.

Im Jahre 1830 trat die Cholera, eine bis dahin in Europa unbekannte Krankheit in Russland auf. Die Heimath der Krankheit ist, wie die des schwarzen Todes, Indien. Mit rapider Schnelligkeit verbreitete sie sich über das westliche Europa uud erreichte selbst Amerika. Bei ihrem ersten Auftreten hatte die Seuche eine ungeheuere Verbreitung erlangt; gleichwohl waren einzelne Bezirke, ringsum von durchseuchten Gebieten umgrenzt, verschont geblieben, so wurde Spanien erst 1833, Schweden 1834, Oberitalien und München erst 1836 erreicht. Bis 1838 folgten viele bald mehr zerstreute, bald in offenbarem Zusammenhange stehende Choleraepidemien. Für fast zehn Jahre trat sodann eine Pause ein, bis 1848 die Krankheit sich von Neuem über Ost- Nord- und Mittel-Europa erstreckte, um erst 1859 wieder vollständig zu verschwinden. Ihren dritten grossen Zug begann die Cholera 1865. Namentlich 1866 wurden zahllose Opfer in Böhmen, Leipzig, Berlin und an der Ostseeküste fortgerafft. „Die Krankheit ist seitdem in Europa obschon sie sich entschieden milder zeigte als früher, nicht mehr ganz erloschen, und wir dürfen nach dem Urtheil der competentesten Epidemiologen erwarten, dass sie so bald nicht verschwinden werde. Aber diese Aussicht hat nichts sonderlich erschreckendes. Ihr ursprüglich bösartiger Character ist bedeutend modificirt und in wesentlich milderen Formen hat sich die Krankheit in Europa eingebürgert. Die Anzahl der befallenen Individuen innerhalb eines bestimmten geographischen Bezirks wird mit jeder neuen Invasion eine geringere. Die Gefahr der Seuche steht in annähernd umgekehrtem Verhältniss zur localen Ausbreitung und zur Häufigkeit ihrer Wiederkehr."[1])

Wenn demnach ein Abschluss auch bei der grossen Seuchenperiode des Mittelalters sich an ein bestimmtes Datum nicht knüpfen lässt, so werden wir doch bei der Untersuchung der Folgen des schwarzen Todes über das vierzehnte Jahrhundert nicht hinausgehen dürfen. Die vergleichende Betrachtung der einzelnen Seuchenjahre bei Chalin giebt ein so klares Bild der mit jedem neuen Ausbruch abnehmenden Sterblichkeit, dass wir den späteren Seuchen a priori höchstens die Bedeutung einer vorübergehenden Calamität beimessen dürfen und die Nachrichten der Chronisten bestätigen diese Ansicht durchaus.

Die allgemeine Anschauung, die auch Haeser übernommen und der entsprechend sich selbst in geschichtlichen Darstellungen Bemerkungen über sittliche und gesellschaftliche Einflüsse des schwarzen Todes finden, durch welche gleichsam die Continuität moralischer und wirthschaftlicher Entwickelung unterbrochen worden sein soll, ist recht eigentlich erst durch Hecker begründet und befestigt. Nach seinen Ausführungen sind die unmittelbaren Folgen des schwarzen Todes von unberechenbarer Bedeutung gewesen Er zählt ihn „zu den grössten Weltbegebenheiten, welche den gegenwärtigen Zustand von Europa vorbereitet haben." (p. 55.) So tief ist er von dem Eindruck dieser Weltseuche ergriffen, dass er „die Weltgeschichte in grosse Zeiträume nach den jeweilig herrschenden Volkskrankheiten" eintheilt. (p. 21.)

[1]) Meyers Convers.-Lexic. Bd. IV. p. 494 ff.; Berichte der Cholera-Kommission des Deutschen Reiches. Berlin, seit 1873; Pettenkofer, Ueber den gegenwärtigen Stand der Cholerafrage. München 1873.

Es erhellt wohl schon aus dieser Aeusserung, wie sehr der gelehrte Arzt die Bedeutung der Volkskrankheiten betreff ihrer die geschichtliche Entwickelung der Völker beeinflussenden Folgen überschätzt.

Das Bild der Jahre nach dem ersten Auftreten der Krankheit ist denn auch in allzu düstern Farben ausgemalt. Eine Verwilderung sonder gleichen soll die Gemüther der Menschen ergriffen haben: „Es war so viel Frevelhaftes und in so grosser Ausdehnung geschehen, dass die Blüthen früherer Entwickelung verwelkten, und die Menschheit in den nächsten Geschlechtern ein böses Gewissen zurückbehielt.“ (p. 75.)

Es ist sicherlich nicht ohne Bedeutung, dass Hecker nach seinem eigenen Bekenntniss unter dem unmittelbaren Eindruck ähnlicher Verhältnisse, wie sie das erste Auftreten des schwarzen Todes gezeitigt hatte, schrieb. Es war im März 1832. Die Cholera, „eine neue Weltseuche hatte fast dieselbe Ausdehnung erreicht und wenn auch weniger furchtbar doch ähnliche Erscheinungen zum Theil hervorgerufen, zum Theil angedeutet.“ (p. 20.)

Eine Erwägung drängt sich uns hier unwillkürlich auf. Fast zwei Jahrtausende trennen die Zeiten, in denen ein Thukydides und ein Boccaccio die Eindrücke einer selbsterlebten furchtbaren Epidemie schilderten. Es ist im Grunde dasselbe Bild, dass sie entwerfen. Ein Bild verzweifelter Hilflosigkeit angesichts einer unentrinnbaren Todesgefahr. Der neuen Krankheit, die in unserem Jahrhundert die Völker schlug, ist man im allgemeinen wohl gefasster begegnet. Aber gerade der Arzt, der wie kein Andrer Gelegenheit hatte die Verzweiflung des jähen Todes zu beobachten, mag vielfach erschütternde Eindrücke empfangen haben. Man fühlt es, wie in jedem Worte von Heckers lebendiger Darstellung ein tief ergriffenes Gemüth sich ausspricht.

Aber Hecker schildert nicht wie Thukydides und Boccaccio den momentanen Zustand der Dinge; eine längstvergangene Zeit ist es, die er durchforscht und er sucht nach greifbaren Einflüssen der verheerenden Seuche.

Es ist bereits oben (p. 50) auf die Unzulänglichleit des ihm zur Verfügung stehenden Quellenmaterials hingewiesen. Dazu kommt ein weiterer Umstand. Keine Periode der Deutschen Geschichte ist bis in die neueste Zeit von der Deutschen Geschichtschreibung so sehr vernachlässigt worden, als gerade das vierzehnte Jahrhundert. Schnaase (Gesch. d. bildend. Künste im Mittelalter. Bd. IX. Düsseld. 1874. p. 1) bemerkt sehr treffend: „Die Freunde des Mittelalters finden es hier schon jenseits seiner Blüthe, im beginnenden Verfall, ja, was noch schlimmer ist, entweiht, heuchlerisch carrikirt. Die Freunde der modernen Zeit und ihrer Fortschritte sind noch weniger befriedigt; für alle die Vorwürfe, welche sie dem Mittelalter zu machen pflegen, Schwärmerei, Aberglauben, Rohheit und Zuchtlosigkeit, bietet sich hier neuer Stoff. Ja, selbst die Unpartheiischen, welche das Bedeutende in allen Zeitaltern anzuerkennen geneigt sind, wollen gerade von diesem Jahrhundert wenig wissen, weil es sowohl an wahrhaft grossen Männern, als an erhebenden Ereignissen ärmer sei, als die meisten andern. Kommt dann noch dazu, dass schon die Zeitgenossen mit ihren Zuständen höchst unzufrieden sind, und dass auf der Oberfläche der Geschichte überall Zwietracht und Hader, thörichte Prunksucht und üppige Sinnlichkeit neben physischen und moralischen Leiden und Seuchen hervortreten, so kann man sich nicht wundern, dass manche Schriftsteller bei der Schilderung dieses Jahrhunderts die dunkelsten Farben auftragen zu müssen glauben."

Bei Hecker ist es eine Art von Prädisposition, die seine weitgehende Empfänglichkeit für diese traditionelle Auffassung erklärt.

Wir übersehen heute in erweitertem Umfange und mit grösserer Objectivität die Seuchenperiode der Cholera. Es sollte schwer fallen irgend welche einschneidende Veränderungen von geschichtlicher Bedeutung als durch sie hervorgerufen nachzuweisen. Ein Rückschluss auf die Einwirkungen des schwarzen Todes in dieser Richtung ist freilich bei der durchgreifenden Umgestaltung der Verhältnisse durch die modernen Errungenschaften nicht ohne Weiteres zulässig, und es bedarf einer eingehenderen Erörterung, um zu gesicherten Resultaten zu gelangen.

Die gleichzeitigen Berichte lassen keinen Zweifel darüber, dass im vierzehnten Jahrhundert ein beispielloses Entsetzen bei dem Herannahen der Gefahr die Gemüther der Menschen ergriffen und Leidenschaften entfesselt hat, die roh und gewaltsam austobten, aber es sind das doch nur vorübergehende Eindrücke gewesen, die sich rasch genug wieder verwischten.

Bezeichnend ist die oft citirte Stelle der Limburger Chronik (p. 26) „Darnach da das Sterben, die Geiselfahrt, Römerfahrt, Judenschlacht, als vor geschrieben stehet, ein End hatte, da hub die Welt wieder an zu leben und fröhlich zu sein, und machten die Männer neue Kleidung etc.“ Ebenso berichtet Justingers Berner Chronik (p. 112) „Und won es zestund nach dem grossen tode waz, [Dez. 1349] welcht do genesen warent, die warent fröhlich; und alz sie in dem here lagent, do hatten si pfiffer und böggenslacher und sungen und tantzoten .... die sungen und spottetent der geisler also:

„Der unser busse wel enpflegen,
der soll ross und rinder nemen,
gense und veisse swin,
damit so gelten wir den win.“

Allerdings finden wir bereits bei den Zeitgenossen die bittersten Klagen über eine Verschlechterung des Menschengeschlechtes. Aber schliesslich ist das zum guten Theil nur eine Variation des alten Textes, wie doch früher die Welt viel besser gewesen sei, das uns vor- wie nachher in gleicher Weise entgegenklingt; und wenn Missbräuche und Unsitten im Verlauf der Seuchenperiode zu Tage treten, so sind dieselben von langer Hand her verbreitet, höchstens dass sich in gewisser Richtung eine Steigerung derselben durch die Pest und ihre Nachwehen erkennen lässt. Daneben aber äussert sich ganz entschieden in den mannigfaltigsten Verhältnissen gerade in der zweiten Hälfte des vierzehnten Jahrhunderts der im Kern gesunde Sinn des Volkes.

Die Limburger Chronik berichtet in ihrem naiven Tone, dass „die mit Geiseln gegangen hatten und die auch von Rom kamen, eines Theils böser wurden, als sie vor gewesen waren“ (p. 20). Es ist gewiss auch kein Zufall, dass 1352 Bürgermeister, Schöffen und Rath zu Frankfurt sich veranlasst sehen, die Dauer der im Stadtfrieden von 1318 auf Mord und Todschlag gesetzten Verbannungsstrafe von einem auf zehn Jahre zu erhöhen. (Cod. Dipl. Moenofrancof. I. p. 622.) Neben einem so unzweideutigen Beweis zunehmender Verwilderung treten noch andere Erscheinungen zu Tage. Unverkennbar steigert sich Luxus, Ueppigkeit und Verschwendung in dieser Periode, der Uebermuth der Wohlhabenden tritt dem minder Begüterten in verletzender Form gegenüber, und der Gegensatz zwischen Reich und Arm gelangt zu schärferer Contrastirung.

Besonders auffallende Modethorheiten erregten den Unwillen ernster Männer, und in frommem Eifer wies man auf Erdbeben und Pest als gerechte Strafen für weltliche Hochfahrt.

Im Jahre 1356 wendet sich der Rath von Speier gegen das Uebermass des Kleiderluxus: „daz wir hant gemerket grozen bresten, der ietzent ist in stetden unde in landen, an hochvarte unde übermuete, die auch die erste dotsunde gewesen ist, die ie beschach, unde usser der selben sunden alle sunden gewurtzet sind. unde als die selbe sunde gote widerzeme ist und den luten schedelichen, als daz nu wol lantsichtig unde schinlich worden ist an ertbideme unde an grossen plagen, damit stetde, land unde lute geplaget sint unde verdorben sint an liebe unde an guote, darumbe etc.“ (Anzeig. f. Kunde d. Vorzeit. 1856. p. 174.)

Wie tief angelegte Naturen in dem memento mori als einer Mahnung an die Vergänglichkeit des Irdischen den Hinweis auf die heiligen Güter der Menschheit erblickten, so griff ein weltlich gesinntes Gemüth in zügelloser Begier nach Genuss in dem vielleicht letzten gegönnten Augenblick.

Zu derselben Zeit, da die deutsche Dichtkunst eine ernste fast asketische Richtung in den Liedern Heinrich des Teichners einschlug, und selbst der ritterlichere Peter von Suchenwirt den düstern Sang vom jüngsten Gericht[1]) anstimmte, klang auf Gassen und in Schenken das Lied:

„Gott geb' ihm ein verdorben jar,
der mich macht zu einer nonnen" etc.

(Limb. Chron. p. 24.)

[1]) „Gedenkch daz churtz leben dein,
Wie daz swindet tag und nacht.
Wo chumpt dein chraft und auch dein macht,
Wo chumpt dein chlainot und dein schêtz,
Wo chumpt dein wuecher und dein sêtz,
Wo chumpt dein herschaft, dein gewalt,
Dein gute gepêr, dein schön gestalt,
Wo chumpt dein lewt und auch dein gut,
Wo chumpt dein frecher stoltzer mut,
Dein schallen, güfften gewden,
Dein tantz in hohen frewden,
Wo chumpt dein witz und all dein sinn,
Wo chumpt dein lust noch valscher mynn,
Dein perlein, porten, spangen,
Dein roter mund, dein wangen?
Chain maister lebt, der daz wend,
Ez nêm mit jamer gar ein end;
Der tod ez alles überwind;
Die tzarten weib, die lieben chind
Sterbent hie tze angesicht.

— — daz vil gesc hicht,
Als man ez wol mit augen sicht,
Daz mankch gross geslêcht tzerget,
Daz sein ein tzehen nicht bestet:
Nam und wappen swint tzuhand,
Als daz gemêl an ainer want."

Suchenwirts Werke ed. Primisser, Wien, 1828. p. 143.

Angesichts des drohenden Todes hatte man wüste Orgien gefeiert, und ein abgestumpftes Gefühl mochte in anstössigen Trachten nach jener furchtbaren Erregung, weniger verletzendes finden, als dies vorher der Fall gewesen war. Schon 1349 klagt Li Muisis über unzüchtige Kleidung bei Männern und Frauen, von letzteren heisst es in einer auffallenden Analogie zu einer ganz modernen Mode: „stricte se vestiendo et per strictas vestes forma nuditatis apparebat", auch fremde Haare wurden in lächerlichem Uebermass getragen „cornubus magnis sicut bestiae' (l. c. p. 347). Aus Mainz hören wir 1367: „in diebus illis in tantum bacchabatur stulticia hominum, quod viri in adolescenti etate constituti vestes et tunicas tam brevissimas portabant, ut pudibunda nec nates possent velare, quia in gressibus et sessionibus apparebant verenda genitalia, si autem aliquis se debebat inclinare, videbantur ... proh pudor immensus! similiter mulieres exquisitis diversis et monstruosis incissuris vestimentorum strictitudinem in quibusdam posset considerari etc." (Chron. Mogunt. misc. fragm. ap. Böhmer. Font. IV. p. 367.) Der derbe Sittenprediger mag ähnlich, wie in unseren Tagen Herr Professor Vischer etwas stark aufgetragen haben, die Ausschweifungen der Mode aber waren immerhin arg genug. Das gewöhnliche Formular für päpstliche Dispense dieser Zeit enthält die Stelle: ,nostrae tamen intentionis est, quod nisi tu (fili N. N., tu filia N. N.) deinceps vestes, quas fieri facias et inducas, desuper deferes longas saltem usque ad genua existentes, indultum huiusmodi quoad te dumtaxat nullius sit roboris et momenti." (Munchs Aufschlüsse über das päpstliche Archiv, übers. von S. Loewenfeld. Berlin 1880. p. 56.)

Die seit 1356 in Deutschland häufig wiederkehrenden Verordnnngen gegen Kleiderluxus und Schwelgerei sind charakteristisch genug. Aber wenn wir sehen, dass völlig gleichartige Verordnungen in Frankreich und Italien schon 1270—1300 beginnen, wo doch unmöglich die Pest für die in denselben bekämpften Missstände verantwortlich gemacht werden kann, so werden wir auch für Deutschland noch anderweite Ursachen als massgebend suchen müssen.

Es mag hier mutatis mutandis ein ähnliches Verhältniss vorliegen, wie in dem Zusammenhang des schwarzen Todes mit den Judenverfolgungen und den Ausschreitungen der Geisselfahrt, die beide als unmittelbare Consequenzen desselben dargestellt zu werden pflegen. Schon mit dem oben geführten Nachweis jener Datensverschiebung welche beide Vorgänge in ihrer zeitlichen Stellung zur Pest verrückte, wird diese Auffassung wesentlich erschüttert Wir werden im folgenden diese Verhältnisse unter weiteren Gesichtspunkten zu betrachten haben. Zunächst sind an dieser Stelle die unmittelbaren Einwirkungen der Seuchenperiode in politischer und wirthschaftlicher Beziehung in's Auge zu fassen.

Eine directe Beeinflussung der Gestaltung politischer Verhältnisse durch den schwarzen Tod tritt in keiner Weise zu Tage. Allenfalls dürfte die Anerkennung Karl des vierten durch die Pest und die ihr voraufgehenden Ereignisse unterstützt und beschleunigt worden sein.

Es war eine stürmisch bewegte Zeit, in der Karl IV. von der päpstlichen Partei als Gegenkönig Ludwigs aufgestellt worden war. Des Letzteren plötzlicher Tod hatte wohl den gefährlichsten Gegner des Luxemburgers beseitigt, aber verschaffte ihm keineswegs allgemeine Anerkennung. Die bairische Partei stellte ihm sofort Günther von Schwarzburg entgegen.

In den Kampf der Parteien trat lähmend der schwarze Tod ein. Nicht dass die Belagerung Frankfurts a. O. (Herbst 1348) durch den Ausbruch der Pest sistirt wurde, wie Sudendorf ohne jeden Beleg anführt, [1]) auch nicht dass

[1]) Sudendorf U. B. der Herzöge von Braunschw.-Lüneb. II. p. LXV. Die Pest ist in der Mark Brandenburg nicht vor dem Herbst 1350 erschienen, (cf. die Urkunden zur Gesch. der Juden. oben p. 9. ff.) Für

Günther der verheerenden Seuche erlegen wäre, wie ein Frankfurter Arzt zur Ehrenrettung seines Standes behauptet;[1]) aber Günthers Tod fällt mit der allgemeinen Verwirrung und Bestürzung im Reiche, die der schwarzen Pest voranging, zusammen. Wenn nicht die Seuche selbst, so war doch die Angst vor derselben und zugleich Judenmord und Geisselfahrt in alle Gaue getragen, und jede staatsmännische Thätigkeit musste vor dem momentanen Druck dieser Ereignisse weichen. Karl IV. hatte sich in das pestfreie, östliche Gebiet zurückgezogen, (cf. oben p. 20 u. 32.) Schon durch die Heirath mit Anna[2]), der Tochter des Rheinpfalzgrafen Rudolf, hatte er die bisher geschlossene Wittelsbachische Opposition getrennt; und als er fügsam und geschmeidig, allen Wünschen der Mächtigen nachkommend, ohne je den eigenen Vortheil aus dem Auge zu verlieren, und zugleich gestützt auf die ungeschwächte Kraft seiner von der Seuche fast ganz verschonten Erblande in das verwüstete Deutschland wieder einzog, war seine Herrschaft eine unbestrittene.

Die späteren Epidemien mögen ab und an eine Fehde unterbrochen haben, wie das schon 1350 in dem bremischen Erzbischofsstreit der Fall gewesen war, (Brem. Jahrb. VI. 1872. p. 223 ff.) auf die politischen Geschicke Deutschlands haben sie einen entscheidenden Einfluss nicht geübt.

Die Deutsche Reichsgeschichte bietet in dieser Zeit kein erfreuliches Bild. Aber dass der Seuchenperiode auch nicht die geringste Mitwirkung an dem Verfall zugestanden

---

Frankfurt melden die Annal. march. Brandenb. den Ausbruch erst zum Jahre 1351. cf. oben p. 27. Anm. 1.

[1]) Stricker, Gesch. der Heilkunde in Frankf. a. M. 1847. p. 4. Dr. Römer-Büchner, Allgem. Ztg. 1856. N. 52. Erst 6 Wochen nach Günthers Tode brach die Pest in Frankfurt a. M. aus, (cf. oben p. 19) und obendrein ist Günther, dessen angebliche Vergiftung durch seinen Leibarzt nicht sicher zu erweisen ist, nach den Berichten über seine Krankheit einem langsam schleichenden Uebel erlegen, während die Pest in wenigen Tagen tödtet. (Regg. imp. VIII. p. 502. No. 10a. u. 10c.)

[2]) 1348. Maerz 4. cf. Regg. imp. VIII. Einl. p. XIX. u. d. 72. No. 880a.

werden kann, beweist am schlagendsten die Thatsache, dass Frankreich wie England in derselben Zeit, wo die politische Ohnmacht, die finanzielle und militärische Unfähigkeit der kaiserlichen Gewalt immer deutlicher zu Tage tritt, trotz gleicher Verluste durch die Pest und trotz eines mehr als hundertjährigen Kampfes, eine feste nationale Gestaltung erlangen.

Bestimmter erkenntlich treten die Einwirkungen der Seuchenperiode auf die wirthschaftlichen Verhältnisse in den Vordergrund.

In erster Linie wäre hier der Menschenverlust zu erörtern. Leider sind die Zahlenangaben des Mittelalters durchweg von sehr zweifelhaftem Werthe. So schwanken die überlieferten Verlustziffern z. B. für Lübeck zwischen 9000 und 80000[1]). Völlig werthlos sind allgemeine Berechnungen der Zeitgenossen, so wenn Chalin den Menschenverlust der ersten Epidemie auf 60%, Guy de Chauliac auf 75% (Haeser. Anh. p. 175), oder Li Muisis gar auf 90% (De Smet II. p. 280) der Bevölkerung angiebt. Die Zahlen, die Hecker und Haeser mittheilen, bedürften einer strengen kritischen Controle und Heckers Berechnung der Grösse des Menschenverlustes in Europa[2])

[1]) cf. Chron. slavic. bei Erp. Lindenberg. S. S. rer. Germ. Francof. 1630. p. 225.: „9000", Reimar Kok nennt 80,000 (Lübeck. Chron. I. p. 471.) Nach Detmar sollen am h. Laurentiustage 1350 2500 Menschen gestorben sein (l. c. d. 276,). Das Chron. Ruf. sagt „vifthevn hundert"; andere Chroniken haben daraus fünfzehn tausend gemacht.

[2]) „Von allen Annahmen über die Grösse des Menschenverlustes ist die wahrscheinlichste, dass im Ganzen der vierte Theil der Einwohner von der schwarzen Pest weggerafft worden sei. Wenn nun gegenwärtig [1832] Europa von 210 Millionen bewohnt wird, so betrug die Volksmenge im vierzehnten Jahrhundert, um eine höhere Angabe zu vermeiden, die leicht gerechtfertigt werden könnte, mindestens 105 Millionen. Es kann also mit Grund und ohne Uebertreibung angenommen werden, dass Europa durch die schwarze Pest fünfundzwanzig Millionen Einwohner verloren hat." p. 55.

beruht auf ganz willkürlichen Schätzungen. Wenn selbst die Richtigkeit der überlieferten Verlustziffern für einzelne Orte nicht anzutasten wäre, so wären dieselben doch nicht eher brauchbar, als bis wir in sicherer Kenntniss der Bevölkerungsdichtigkeit vor dem Eintritt der Krankheit einen Massstab besitzen, an dem sich der relative Verlust messen liesse.[1]) Und schliesslich dürfte sich die Berechnung nicht auf die Opfer des ersten Auftretens der Krankheit beschränken, sondern es wären auch die Verluste der späteren Epidemien festzustellen.

Wenn wir demnach auf eine ziffernmässige Beurtheilung des Menschenverlustes verzichten müssen, so dürfen wir doch ein Bild der Verwüstung durch einige charakteristische Belege zu skizziren versuchen.

Dass vorzugsweise die unteren Volksschichten zu leiden hatten, und das verhältnissmässig grösste Contingent der Todten stellten, ist vielfach betont[2]). Nach dem Pestausbruch von 1350 war nach Heinrich von Hervord (p. 274) in Westfalen kein Hirt bei den Heerden und kein Schnitter zur

[1]) Einzelne sehr werthvolle Specialuntersuchungen sind für Basel (Schönberg), Cöln (Ennen), Erfurt (Kirchhof), Nürnberg (Hegel), Strassburg (Schmoller) etc. geliefert. Aber die nothwendigste Grundlage, die bei der Unzuverlässigkeit und Lückenhaftigkeit des Zahlenmaterials unerlässlich ist, eine genaue Kenntniss des Civilbaus des Mittelalters, fehlt noch fast gänzlich. Ein sorgfältiges Studium der Stadtpläne müsste schon in dem von den Stadtmauern eingeschlossenen quadratischen Flächenraum einen Anhalt für die Kopfzahl und die vergleichende Betrachtung der Bevölkerungsdichtigkeit ergeben.

[2]) „excepta plebe innumera.“ cf. oben p. 26. — „causa . . . fuit dispositio corporum, ut cacochimia et debilitatio et opilatio. et propter hoc moriebantur populares laborantes et male viventes.“ Chauliac b. Haeser. Anh. p. 176. — „ideo in tali tempore racionabiliter plurimi moriuntur qui aliquando uiuerent, si haberent commode necessaria sua. ex hoc eciam vulgari plebei qui immunde uixerunt moriuntur et infirmantur propter hoc in Auinione nunc in illa peste plus.“ Chalin.

„Qui male pastus erat fragili virtute ciborum,
Labitur exiguo percussus flamine cladis;
Indeque Saturni vulgus, pauperrima turba,
Grata morte cadunt, quia vivere talibus est mors.“

Sim. de Covino, v. 893—896 bei Haeser Anh. p. 171.

Erntezeit zu finden. Aehnliche Notizen sind reichlich vorhanden. Eine Urkunde der Mainzer Diöcese von 1372 sagt: „licet, notorium et indubitatum existat, quod pestilencie et mortalitatis acerbitas, que agriculturos parciarios et colonos . . plures sustulit . ., sic quod agricultores hodie paucissimi sunt et rari, propter quod agri plurimi inculti remanent ac deserti. (Gudenus, Cod. Dipl. III. p. 507.) In dem Landbuch der Kurmark Brandenburg von 1375 werden unzählige Hufen als verlassen bezeichnet, so in einem Dorfe von 60 Hufen alle bis auf 6, in einem anderen die ganze Dorfflur. (Droysen, Preuss. Polit. I. p. 71.) Nach einem erneuten Pestausbruch in Augsburg vom Jahre 1380 hören wir die Meldung: „es was ain ellend erschrocken ding, es möcht schier alles volk verzweifelt han. Es blib vil kornes auf dem veld unabgeschnitten und blib auch viel landes ungeset und ungepauen prechenhalb der leut. (Hegel. Chr. D. St. V. p. 26.)

Die unausbleibliche wirthschaftliche Folge war zunächst eine Steigerung der Arbeitslöhne. Nur sehr vereinzelte Notizen geben uns hier einen Anhalt. Zunächst sind es Streitigkeiten zwischen Arbeitgebern und Arbeitnehmern, die hie und da ausbrechen. Am 31. Oct. 1351 wird ein solcher Streit zu Speier urkundlich beigelegt: „Wir die zunftmeistere und die gezunft gemeinlichen der duecher zuo Spire veriehent offenlichen und duont kunt allen den, die diesen brief iemer sehent oder hörent lesen, daz wir umbe solche missehelle und zweiunge, als zwuschent uns und den woebern knechten gemeinlichen zuo Spire von dez lones wegen gewesen ist, und als sie sprachent, der lon were zuo kleine und sie möchtent dabei nit bestan, und sie dar umbe enweg gelauffen warent, mit in lieplichen fruntlichen und gütlichen gerichtet und geslihet aller dinge . . . und eins lones mit enander uberkomen, den wir und alle unsere nachkommen ewiclichen geben sollent und die woeberknechte, die nu hie sind oder iemer her kument, ewiclichen nemen sollent und nieman me nemen noch geben bi guoten trewen und bi den penen, als hie nach geschriben stet. Und ist der lon alsus: von eime hymperger vier und zwölf schill. hell etc". (Mone's Ztschr. XVII. p. 56.)

Trotz dieser feierlichen Abmachung erneuert sich schon nach kurzem der Streit und wird im Januar 1361 ein neues Abkommen getroffen.[1])

Zum Jahre 1363 melden die Annales Marbacenses: (Mon. S. S. XVII. p. 179) „opportuit dari laboranti in vineis quartuor solidos denariorum Argentinensium", und nach Aachener Stadtrechnungen verdiente 1383 der Handlanger, der damals wie heute den geringsten Tagelohn erhielt, 6 Schillinge oder 72 Denare, Handwerker, nämlich Schreiner Schmiede etc. verdienten 10, der Meister immer 12 Schillinge. (Laurent. Aach. Stadtrechn. p. 7.)

Gleichzeitig tritt unmittelbar im Gefolge der Pest eine erhebliche Werthsteigerung menschlicher Production überhaupt ein. Mit sichtlicher Verwunderung sprechen spätere Schriftsteller von diesem Umstand, und ich erwähne nur das unverfängliche Zeugniss eines Zeitgenossen: „sed unum compellor scribere quod in rei veritate sic se habet, quia hii qui colligunt hospites et aritifices, mechanici non solum Boemi sed et aliarum terrarum de huiusmodi peregrinatione reversi, [Wallfahrt nach Rom 1350] inceperunt facere caristiam omnium victualium et necessariorum et sic ab eo tempore venit in consuetudinem quod omnia humanis usibus necessaria sunt in caro foro ubique locorum. (Beness de Weitmil, Pelzel und Dobrowski. S. S. rer. Bohem. II. p. 355.)

Einen Massstab für die oben angegebenen Lohnsätze gewinnen wir aus jener Bestimmung der Geisslerordnung, derzufolge jeder Theilnehmer der Bussübung täglich vier Denare zu verzehren haben musste (Closener p. 106.) Es wäre demnach 1363 das zwölffache, 1383 das achtzehnfache der 1349 pro Kopf erforderlichen Unterhaltungssumme für den Tagearbeiter gefordert worden, wenn nicht der reelle

[1]) ibid p. 58. cf. auch Stahl. d. deutsche Handwerk 1874. p. 338 ff. u Schanz, Gesch. der deutschen Gesellenverbände 1877 p. 47.

Werth dieser Lohnsteigerung durch eine ganz bedeutende Werthverminderung der Scheidemünze sehr wesentlich reducirt würde, welche parallel mit der Werthsteigerurg menschlicher Productionsthätigkeit in der zweiten Hälfte des vierzehnten Jahrhunderts in immer steigendem Maasse zu Tage tritt.

Der Zusammenhang beider Erscheinungen lässt sich nicht verkennen. Die geringere Ausprägung des Silbergeldes war schon früher eine beliebte Praktik derjenigen Kreise gewesen, in deren Händen sich das Münzregal befand. Aber eine so allgemeine und nachhaltige Verschlechterung der Prägung ist vorher doch niemals eingetreten. Ueberall her ertönen die Klagen; aus Flandern berichtet Li Muisis (De Smet. II. p. 397) von dem Unwillen der Bevölkerung über unterwerthigen Feingehalt der Münze; unter den Ursachen, aus welchen die Abtei Gladbach sehr herabgekommen war, zählt der Erzbischof Wilhelm von Cöln 1352 auch diese auf, dass der Abt genöthigt werde, seine Einkünfte, die nach dem früheren schweren Münzfuss bestimmt waren, in leichtem Gelde anzunehmen (Lacomblet, Niederrh. U. B. p. 414); in Breslau melden die Stadtrechnungen für das Jahr 1354 bei einer Steuerhebung von 1593 Mark einen Ausfall „in literis et malis grossis" von 100 Mark. (Cod. Dipl. Siles III. p. 83.)[1])

Ein solcher Zustand musste besonders den Kleinhandel empfindlich berühren. In einer Urkunde der Erzbischöfe von Trier und Cöln vom Jahre 1372 heisst es: „want eyne lange zyt her mangherleye buese muntzen in diesem lande gegangen haint ind geent, die yre wert nyet enhatten noch enhaint an goilde noch an siluere, darvur dat sy geslagen ind uyszgegeiuen werdent, damede unser beyder ind ouch dat gemeyne lant groissen verderflichen schaden entfangen ind geleden hait, ind noch meere schaden entfangen und liden muehte, of man des in der zyt

[1]) Eine interessante Zusammenstellung der Münzentwerthung in Mones Zeitschrift II. p. 385 ff. „Ueber das Münzwesen vom 13. bis 17. Jahrhundert" und Hegel, Chroniken. D. St. I. Beil. XI.

mit zydighem raide nyet enverhuete: so hain wir heirren beyde samen vurgenannt onser beyder ind des gemaynen lantz noit in dissen sachen bedaicht ind besorgt, umb zu wederstain sulghen buesen louffe der swacher muntzen ind syn veuermitz rait onser vrunde ind der eersamer wyser lude der stat von Colne, goide zu eeren ind umb eyn gemeyne beste ind nutz des gemeynen lantz, eyndreichtlich woirden ind gentzlichen oeuerkomen, eynre muntzen van goilde ind van siluere in sulgher loyn ind in sulghem werde doen zu slain und zu machen, dat manlich damede bewart sy" etc. (Lacomblet, Niederrh. U. B. III. No. 717. p. 612.)

Die mehrfache Wiederkehr derartiger Münzverordnungen, denen sich auch der Erzbischof von Mainz und der Pfalzgraf bei Rhein anschlossen, vermochte bei der heillosen Zersplitterung des Münzregals ebensowenig, wie die Bemühungen Karl des vierten um vollwerthige Prägung dem allgemeinen Uebel abzuhelfen.[1])

Wirthschaftliche Verhältnisse werden von so verschiedenartigen Factoren bedingt, dass sie unter dem Gesichtspunkte ihrer Beeinflussung durch eine Seuchenperiode nur sehr einseitig beleuchtet werden können. Es sind wenige greifbare Momente, die uns in dieser Richtung als Consequenzen des ersten Auftretens des schwarzen Todes begegnen und bis zu gewissem Grade unter den Einwirkungen der späteren Epidemien fortdauern oder selbst eine Steigerung erfahren.

Abgesehen von der Veränderung in der Stellung der Juden und einer bedeutenden Besitzverschiebung zu Gunsten der Kirche, auf die wir in anderem Zusammenhange einzu-

---

[1]) Münz-Verordnungen und Einigungen rheinischer Fürsten: 1368, Gudenus. Cod. Dipl. III. No. 324, p. 490; — 1378, ibid. No. 330, p. 526; — 1386, l. c. p. 568; — 1399, ibid. No. 401. p. 648; — Für Karl IV. cf. Jahrb. des Zittauer Stadtschreibers Joh. v. Guben, S. S. rer. Lusat. 1839. I. p. 15.

gehen haben, geben sich lediglich der in Folge des Menschenverlustes eintretende Arbeitermangel und die damit naturgemäss gesteigerten Lohnsätze und Preise, als unmittelbare Folgen der Seuchenperiode zu erkennen.

Der Versuch jener unproductiven Elemente, in deren Händen vielfach zerstreut das Münzregal sich befand, durch die arge Verschlechterung der Prägung mit dem bisherigen Etat die gewohnten Bedürfnisse zu decken, ist schon darum für die wirthschaftliche Entwickelung von secundärem Belang, weil er zum Theil schon durch seine Rückwirkung auf die Preisbewegung paralysirt wird, hauptsächlich aber, weil der deutsche Grosshandel sich durch die Uebernahme einer den Coursschwankungen nur in sehr geringem Maasse ausgesetzten Münze zu sichern wusste. Er adoptirte in gesunder Reaction gegen die willkürlichen Werthreductionen des heimischen Geldes als einheitliches Zahlungsmittel den florentinischen Goldgulden. „Bei der Verschlechterung alles kleinen Silbergeldes,“ äussert Schmoller, (Tüb. Zeitschrift 1871. p. 319) „war der Goldgulden die einzige Rettung für einen sicheren Verkehr; er steht bei allen grösseren Zahlungen im Vordergrunde, und die silberne Scheidemünze wird in ihrem Werthe nur nach ihm bezogen. (cf. Hegel. Stchr. I. p. 225.)

Von einem Wendepunkt der wirthschaftlichen Entwickelung, wie er unter den Einwirkungen des schwarzen Todes angeblich eingetreten sein soll, kann demnach nicht wohl die Rede sein. Die Grundbegriffe der Nationalökonomie stehen mit einer solchen Ansicht in directem Widerspruch. Wenn das Gesetz, das Malthus aus dem ungleichmässigen Zunahmeverhältniss der Bevölkerung einerseits und der Subsistenzmittel anderseits für die Volksvermehrung abgeleitet hat, auch nicht in der ganzen Härte des von ihm aufgestellten Satzes, der auf der Annahme einer geometrischen Progression der Bevölkerungsziffer gegenüber einer arithmetischen der Nahrungsmittel basirt, aufrecht erhalten werden kann, so bleibt doch der Grundgedanke unantastbar: dass auf die Dauer der Zuwachs der Unterhaltsmittel mit einer durch nichts beschränkten Volksvermehrung nicht gleichen Schritt halten kann."[1])

Wir haben oben darauf hingewiesen, dass in der Mitte des vierzehnten Jahrhunderts eine Art von Höhepunkt der Bevölkerungsdichtigkeit sich erkennen lässt. Sogenannte „präventive Gegentendenzen" der Volksvermehrung sind ganz gewiss in jener Zeit in irgend belangreichem Umfange nicht wirksam gewesen. Sie wurden im Mittelalter in weit höherem Maasse als heute durch die „repressiven Gegentendenzen" vertreten, unter denen das ganze Heer der Krankheiten und Epidemien unbedingt im Vordertreffen steht. Der Ueberschuss musste einer „traurigen Nothwendigkeit" weichen, „terrible corrictives of the rebundance of mankind" wie Malthus im Anschluss an Short sich ausdrückt.[2]) Und aus diesem Gesichtspunkte sind im letzten Grunde die anhaltenden Verheerungen des schwarzen Todes zu erklären. Nicht dass es zu erweisen wäre, dass überfüllte Wohnungen und unzureichende Nahrung die Krankheit erzeugt hätten, aber den Boden haben sie bereitet, in dem bei dem Mangel jeder sanitären Vorkehrung die Seuche ihre unheilvolle Brutstätte fand.[3])

Schon Süssmilch[4]) hat auf die rasche Volksvermehrung die jeder verheerenden Seuche folgt, aufmerksam gemacht. Malthus hat diesen Gedanken weiter ausgeführt. (Principle, B. II. cap. XIV.) Für die progressive Tendenz der Volksvermehrung sind in der plötzlichen Erweiterung der Sub-

[1]) Malthus. An essay of the principle of population. 7. Ed. London 1872; cf. Roscher, System der Volkswirthsch. Bd. I. 1880. p. 598.

[2]) Short. New Observ. on Bill of Mortality. p. 96.

[3]) Vergl. die Schilderung „Sibiriens", des Juden- und Arbeiterviertels von Inowraclaw und die an dieselbe anknüpfenden Ausführungen von Hirsch. Berichte der Cholera-Kommission. 1873. H. I. p. 38 ff.

[4]) Süssmilch. Göttliche Ordnung in den Veränderungen des mensch lichen Geschlechts. 1745. Tabellen für Preussen und Litthauen (1692 bis 1757) B. I. T. XXI. p. 83.

sistenzmittel die Hemmnisse in hohem Grade beseitigt, und es ist ausreichender Raum für ein kräftig nachrückendes Geschlecht geschaffen.

Auch nach dem schwarzen Tode hat man dieselbe grossartige Erscheinung beobachtet. Es giebt sich das noch deutlich in den Uebertreibungen der späteren Ueberlieferung zu erkennen, welche die abnorme Häufigkeit von Zwillings- und Drillingsgeburten besonders betont. (Cont. Chron. Guil. d. Nangis bei d'Acher, Spicilegium. ed. de la Barre III. p. 110.)

Es mag den Menschenfreund mit tiefer Trauer erfüllen, aber in dieser Welt wird nichts leichter verschmerzt und rascher ersetzt, als der auch noch so bedeutende Verlust an Menschenmaterial.

Einer relativen Uebervölkerung waren enorme Summen abgestrichen worden, andere Werthe hatte die Epidemie nicht vernichtet. Und so mögen die ländlichen Districte, die fast ebenso wie durch die directen Verheerungen der Pest, durch einen überaus starken Abzug nach den Städten schwere Einbusse erlitten [1]), in Folge mangelnder Arbeitskräfte wirthschaftlich geschädigt worden sein, bis der allmälige Ausgleich der Bevölkerungsverhältnisse auch hier Abhülfe schaffte; in den Städten tritt ein dauernd störendes Eingreifen der Seuche in keiner Weise zu Tage. Im Gegentheil entdecken wir allerorten einen frohen gedeihlichen Aufschwung.

„Der dritte Band des Bremischen Urkundenbuches," äussert der Herausgeber in der Vorrede: (1880, p. V.) „umfasst Documente aus dreissig Jahren der bremischen Geschichte: 1351—1380, ein kurzer Zeitraum, aber voll ausser-

---

[1]) In Bremen sind nach dem Bürgerbuch Bürger geworden: 1340 bis 1350 487, 1350—1360 776 Personen. Für Cöln vergl. Quellen z. Gesch. d. St. C. IV. p. 460. Anm. 2. — Hegel (Chr. D. St. II.) schliesst seine Untersuchung über die Bevölkerung Nürnbergs mit den Worten: „aus dem ergiebt sich, dass bis in die letzten Zeiten des vierzehnten Jahrhunderts gleichwie im vorausgehenden dreizehnten in Ansehung der Aufnahme neuer Bürger und Handwerker noch eine Art von Freizügigkeit herrschte, hingegen die Erschwerung des Bürger- und Meisterrechts erst im fünfzehnten Jahrhundert den Anfang machen.

ordentlicher Bewegungen und für die Entwickelung der Stadt von hervorragender Bedeutung. Die Aufzeichnung über den furchtbaren Menschenverlust, den die Pest im Jahre 1350 über Bremen verhängt hatte, leitet eine Periode ein, welche mit einer imponirenden Machtstellung der Stadt in einem ausgedehnten Gebiete schliesst."

Hirsch (Danzigs Handels- und Gewerbe-Geschichte Leipz. 1858) bezeichnet die Epoche von 1308—1382 als „überaus erspriesslich für die Entwicklung des gewerblichen Lebens in den preussischen Städten" (p. 29) und führt aus, wie mit dem Ende dieser Periode eine lebhaftere Betheiligung Danzigs am Grosshandel beginnt, (p. 83.) von einem störenden Einfluss des schwarzen Todes weiss er so wenig zu berichten, dass er die Krankheit selbst nicht einmal erwähnt.

Die Geschicke Strassburgs in den Jahren 1332—1392 fasst Schmoller (Strassburg z. Z. der Zunftkämpfe 1875 p. 30) dahin zusammen, „dass, was seine äussere Macht, seinen politischen Einfluss betrifft, Strassburg trotz der mehrmals so stark decimirten Bevölkerung, trotz des oftmals so hart getroffenen Wohlstandes, in aufsteigender Linie begriffen ist, dass eine üppige Kraft ein ausserordentlich frisches Leben in der Stadt pulsirt, das durch die gewaltigsten Schläge des Schicksals sich nicht beugen lässt." An anderer Stelle entwickelt derselbe Forscher ausgehend von dem reichen Urkundenmaterial der Tucher- und Weberzunft den grossartigen Aufschwung der deutschen Gewerbeindustrie, der im 13. Jahrhundert beginnend im vierzehnten und fünfzehnten sich ohne Unterbrechung fortsetzt

Das gleiche Bild erstarkender Kraft und wachsenden Wohlstandes geben die in der zweiten Hälfte des vierzehnten Jahrhunderts stetig zunehmenden städtischen Einnahmen.[1])

[1]) cf. z. B. Laurent Aachener Stadtrechnung. Ich greife einige Daten nach Laurents Zusammenstellungen (p. 86 ff.) heraus. Die städtischen Einnahmen betrugen:

Und jener begeisterte Hymnus auf die Stadt Cöln[1]) zeigt uns Alles eher, als ein im Niedergang befindliches städtisches Gemeinwesen.

Eine zusammenhängende Reihe von kulturgeschichtlich wichtigen Daten drängt sich in den Zeitraum der zweiten Hälfte des vierzehnten Jahrhunderts zusammen. Es ist die Begründung der ersten deutschen Universitäten. Längst hatten Italien und Frankreich ihre hohen Schulen, aber mühsam musste der Deutsche noch immer seine gelehrte Bildung im Auslande suchen. Immer dringender fühlte man in Deutschland das Bedürfniss nach geeigneten Lehrstätten im Lande. Paulsen bemerkt sehr treffend, dass dieses Bedürfniss in der östlichen, „als der Paris abgewendeten Seite Deutschlands,"[2]) wohin der stärkste Zufluss deutscher Studirenden stattfand, sich am lebhaftesten geltend machte.

Bereits oben (p. 32) ist die Stiftung der Universität Prag von 1348 erwähnt. Wien folgte 1365, nachdem schon 1364 in Polen die Jagellonische Universität zu Krakau begründet war.

Als dann die Stürme des kirchlichen Schismas seit 1378 über die Pariser Hochschule hereinbrachen, als gleichzeitig seit Wenzels Regierungsantritt in Prag religiöse und nationale Gegensätze sich immer schärfer zuspitzten, da beginnen die Universitätsgründungen auch in der westlichen Hälfte Deutschlands: Heidelberg 1386, Cöln 1389, Erfurt 1392.

---

anno	Mark Silb.	anno	Mark Silb.
1344	18 373	1387	46 610
1373	42 327	1391	60 698
1385	49 282	1394	68 579

Obgleich die mehrfach erwähnte Münzverschlechterung den reellen Werth der Steigerung wesentlich reducirt, ist ein wirthschaftlicher Verfall aus diesen Zahlen doch nicht herauszulesen.

[1]) Laudes Coloniae. Böhmer Font. IV. p. 463–470.

[2]) Paulsen. Die Gründung der Deutschen Universitäten in Mittelalter. Sybels Hist. Ztschr. 1881. p. 258.

Worin findet diese plötzliche Zuwendung zu gelehrten Studien ihre Erklärung? Die Universitätsstiftungen an sich würden noch keinen Anhalt für die Beurtheilung der wirthschaftlichen und socialen Zustände geben. Aber es ist bekannt, wie rasch die Frequenz dieser Bildungsstätten zu erstaunlich hohen Ziffern anwächst.[1]) All' die gelehrten Priester, die Doctoren der Medicin und der Juristerei, die Magister und Baccalauren mussten doch Unterkunft finden. Oder sollten sie lediglich aus Wissensdrang studirt haben! Die Zunahme der Zahl der Canonicate und Vikariate in den städtischen Kirchen, zahlreich entstehende städtische Schulen, das gesteigerte Bedürfniss nach ärztlicher Hülfe und nach streng formaler Rechtspflege, alle diese Momente sind im letzten Grunde auf einen wirthschaftlichen Aufschwung zurückzuführen. Die zweite Hälfte des vierzehnten Jahrhunderts ist die Zeit, in der der deutsche Handel den Weltmarkt zu erobern beginnt. In immer steigendem Maasse erblüht Handel und Industrie und selbst Kunst und Wissenschaft gelangen wieder zu neuen Ehren.

Die deutsche Reichsgeschichte des ausgehenden Mittelalters bietet dem flüchtigen Beobachter einen nahezu chaotischen Anblick. Der Glanz der Kaiserzeit ist mit den Hohenstaufen zu Grabe getragen. In rücksichtsloser Geltendmachung jedes Sonderinteresses ringen die Einzelkräfte seit dem Interregnum. Es ist eine Uebergangszeit voll revolutionärer Tendenzen, in der aller Orten Streit und Hader an die Oberfläche treten. Sieht man näher zu, dann

[1]) Paulsen ist in dem citirten Aufsatz den stark übertriebenen Zahlenangaben mit scharfer Kritik zu Leibe gegangen, aber auch nach seinem Urtheil stand die damalige Zahl der Studirenden in annähernd gleichem Verhältniss zu der heutigen Frequenz der Universitäten.

gewahrt man freilich, wie in diesem freien Spiel der Kräfte neue, gesunde Gestaltungen sich bilden.

Schmoller hat uns in seinen historischen Arbeiten den rechten Sinn für das Verständniss dieser Zeit erschlossen.

Der beherrschende Einfluss des städtischen Lebens, wie er seit dem Ende des dreizehnten Jahrhunderts immer schärfer hervortritt, der gesteigerte Verkehr, die vervollkommnete Technik und Arbeitstheilung hatten die sociale Gliederung und Klassenbildung des früheren Mittelalters wesentlich umgestaltet. Der Welthandel hatte neue Culturelemente in die deutschen Städte getragen; Luxus, Ueppigkeit und Verschwendung dieser Zeit sind nicht sowohl ein Ausfluss sittlicher Verkommenheit, als vielmehr eines mächtig wachsenden Wohlstandes. Freilich nimmt gleichzeitig ein „zügelloser Erwerbssinn, eine materialistische Genusssucht" überhand, während das Proletariat in den werdenden Grossstädten einen belangreicheren Umfang gewinnt.

In den engen Mauern der Stadt stossen die Gegensätze hart an einander, und mit der zunehmenden Bedeutung des demokratischen Elements wächst der Partei- und Klassengeist zu erbittertem Hass.

Schmoller nennt die Zeit von 1330 etwa bis 1400 mit einem treffenden Ausdruck „die Flegeljahre des deutschen Zunftwesens", er charakterisirt das ganze vierzehnte Jahrhundert als „eine wilde gährende Zeit voll gewaltiger Impulse und roher Leidenschaften. Wie eine Anzahl deutscher Fürsten ihren Kaiser 1308 auf offener Heerstrasse erschlugen, so hing und köpfte man Patrizier und Zunftmeister in den Städten dutzendweise, verbrannte man die Juden zu tausenden, um ihre Geldforderungen los zu werden. Massenhafte Vermögensconfiscationen, die nur den Zweck der Bereicherung verfolgten, liess man sich von Seiten des Königs, der Fürsten, der Städte und Zünfte zu Schulden kommen." (Strassburger Tuch.- u. Web.-Zunft. p. 465.)

Der Eintritt des schwarzen Todes hat an diesem Charakter der Zeit nichts geändert Die beispiellose Anarchie, zu der sich die Zustände in den Jahren 1348 bis

1350 steigern, ist allerdings durch die Schrecken der Pest verschuldet, aber gerade ihre wildesten Ausschreitungen: der Judenmord und die an die Geisselfahrt anknüpfende revolutionäre Bewegung, wurzeln tief in den Verhältnissen der Zeit Die durch die herannahende Gefahr des schwarzen Todes heraufbeschworene Gesetzlosigkeit und Verwirrung hat den zeitlichen Ausgangspunkt derselben bestimmt und ihrem explosiven Ausbruch jenes Gepräge der Zügellosigkeit und Verrohung gegeben; beide Bewegungen aber sind durch Umstände bedingt, die auch ohne die Schrecken einer verheerenden Seuche zu ähnlichen Erscheinungen führen mussten, wie sie uns in der Mitte der vierzehnten Jahrhunderts entgegentreten.

Fast zwanzig Jahre vor dem Erscheinen des schwarzen Todes beginnen die revolutionären Bewegungen in den deutschen Städten. Schon 1338 wird eine umfangreiche Judenverfolgung organisirt, die freilich ganz offen den Charakter der Beraubung[1]) trägt. Und die Stimmung des Volkes gegen den Klerus und die Klostergeistlichkeit, bei denen die Gebote der Armuth und Keuschheit immer mehr in Vergessenheit gerathen waren, verräth sich bereits deutlich genug in den letzten Decennien des dreizehnten Jahrhunderts.

Die traditionelle Auffassung stellt Judenmord und Geisselfahrt ohne jeden inneren Zusammenhang als einen Angriff auf zwei abgeschlossene Kreise der mittelalterlichen Welt, den Klerus und die Judenschaft, nebeneinander. Wir werden im Folgenden auszuführen haben, wie beide Bewegungen, die von einander unabhängig, örtlich getrennt und aus durchaus verschiedenartigen intellectuellen Ursachen entstanden sind, an einem Punkte ihres Verlaufes zusammentreffen und in ihrer Verbindung uns die bewegenden Mächte einer tieferregten Zeit noch deutlich erkennen lassen.

---

[1]) 1338 seva persecutio contra Iudeos insurrexit... non ob aliud nisi quod eis bona temporalia auferre volebant occisores eorum. Diessenh. Font. rer. Germ. IV. p. 28.

Die Geschichte der Juden im Mittelalter ist zu oft von unberufener Hand dargestellt worden, als dass nicht in weiten Kreisen irrige Anschauungen Platz gegriffen haben sollten.

Von zwingender Beweiskraft sind die Ausführungen von Roscher (Ansichten der Volkswirthsch. aus d. geschichtl. Standp, II. p. 321—354), der in den Verfolgungen und Bedrückungen der mittelalterlichen Juden ein historisches Gesetz nachweist, das sich wiederholt in analogen Verhältnissen zu erkennen giebt, so z. B. in der Stellung der alten Phönikier gegenüber den Griechen und der gleich den Juden auf allen Marktplätzen vertretenen lombardischen Handelsleute im späteren Mittelalter. Gegenüber der vulgären Auffassung, die lediglich die Unduldsamkeit einer despotisch gewordenen Hierarchie und die allgemeine Roheit eines halbbarbarischen Volkslebens für die Grausamkeiten gegen die mittelalterlichen Juden verantwortlich machen will, betont Roscher, dass gerade die Päpste „bei Judenverfolgungen weit mehr gezügelt, als gespornt haben", wie das auch seitens Benedict XII. im Jahre 1338 und Clemens VI. im Jahre 1348 geschehen ist,[1]) und führt die noch wichtigere Thatsache an, „dass in der ersten, roheren Hälfte des Mittelalters die Juden regelmässig besser behandelt worden sind, als in der zweiten, sonst mehr gebildeten:" So dass nach seinen Worten „die Judenpolitik im Mittelalter sich fast umgekehrt verhält, wie die sonstige wirthschaftliche Cultur." (p. 324.)

Kommt dann hinzu, dass einerseits das erste Auftreten des Handels und der Juden in der christlich-germanischen Welt zusammenfällt, wie dies z. B. Schaumann für Niedersachsen nachgewiesen hat, und dass dann andrerseits die Bedrückungen durchweg „mit dem ersten Aufblühen eines nationalen Handelsstandes" ihren Anfang nehmen, so ergeben sich die weiteren Folgerungen von selbst.

Nicht der Fanatismus der Kreuzfahrer hat diese Ver-

---

[1]) Raynaldi annal. eccles XVI. p. 64 u. 281.

folgungen inaugurirt; „wo sich das Heranreifen des natio nalen Bürgerthums und Kaufmannsstandes früher oder später einstellte, da sind regelmässig auch die Verfolgungen früher oder später ausgebrochen.“ (p. 335). Wir müssen hier die Details von Rochers Beweisführung übergehen, es genügt der Hinweis, dass Byzanz, „der erste Handelsplatz der Christenheit während des ganzen früheren Mittelalters‘ als der Ausgangspunkt aller Judenbedrückungen im Mittelalter gilt, und dass in Italien bereits 855 eine grosse Judenvertreibung erwähnt wird. Ebenso interessant ist die Bemerkung, dass der comerziell viel später entwickelte Osten Deutschlands die Juden auch länger verschonte, als der Süden und Westen; eine Erscheinung die selbst in dem grossen Blutbade von 1348—49 noch deutlich hervortritt.

Die Judenverfolgungen des Mittelalters sind demnach im letzten Grunde als eine gewaltsame Emancipation von der fremden „Handelsvormundschaft“ aufzufassen, und wenn auch Roscher das Mitwirken jener beiden oben erwähnten Factoren nicht in Abrede stellt, so sieht er in den stetig zunehmenden Bedrückungen doch vorzugsweise ein Product des Neides und der Handelseifersucht.

Der Uebergang von den anfangs mehr repressiven Maassregeln zu cynischer Rohheit, wie sie in Mord und Brand von 1348 ihren Höhepunkt erreicht, vermittelt ein eigenthümlicher Umschwung in der Handelsthätigkeit der Juden selbst. Vor der Concurrenz der nationalen Kaufleute räumen sie allmälig den Waarenhandel und wenden sich fast ausschliesslich dem Geldgeschäft zu. Roscher macht für diese Erscheinung zwei Gründe geltend: erstens das regelmässig spätere Reifen des Geldhandels und sodann den Erfahrungssatz, „dass fast alle hochentwickelten Handelsvölker, wenn sie im Waarenhandel von jüngeren Rivalen überflügelt werden, sich mit ihrem Grosskapital in den Geldhandel zurückzuziehen pflegen.“ „Und nun trat zu den sonstigen Gründen oder Vorwänden des Hasses gegen sie noch der Gegensatz der Schuldner gegen die Gläubiger, des Pauperismus gegen den Capitalismus hinzu“ (p. 339).

Einen einzigen Punkt hat Roscher in dieser meisterhaften Auseinandersetzung nicht hinreichend betont. Geistliche und weltliche Fürsten, so gut wie patrizische Stadtherren fanden in dem Juden eine äusserst ergiebige Geldquelle. Das unsittliche Motiv verwerflichen Eigennutzes veranlasste die Machthaber zu der Ertheilung jener Privilegien, die ihrerseits von den Empfängern in schnöder Weise gemissbraucht wurden. Die unbeschränkte Wucherfreiheit, die geistliches und weltliches Recht dem Christen untersagte, verbunden mit dem eximirten Gerichtsstand der Juden in Schuldsachen,[1]) machten den von je nicht gern gesehenen Fremdling zum Blutegel der mittelalterlichen Gesellschaft. Bestimmte Zahlen lassen sich nicht wohl angeben, da einerseits der Umfang des Geldgeschäftes sich nicht ermitteln lässt, und andrerseits die unaufhörlichen, irregulären Erpressungen auch eine Berechnung der Judensteuern illosorisch machen. Wir können aber mit Fug annehmen, dass die Schutzherren mit ihren Juden den Wucherlohn mindestens zur Hälfte theilten.

So einfältig war auch der Handwerker des vierzehnten Jahrhunderts nicht, dass er ein solches Erpressungssystem nicht richtig erkannt hätte. Als unter den Schrecken der nahenden Pest die Bande der Ordnuug sich lockerten, da brachen die schon längst unsicheren Schranken, die den Juden vor der Missgunst und dem Hass der Menge schützten, zusammen, und wo Fürsten und Stadtherren für ihre Schutzjuden einzutreten suchten, da richteten sich die Drohungen gegen sie selbst, wie gegen den Herzog Albert von Oesterreich, oder Rupprecht von Baiern, oder es wurde gar, wie in Basel und Strassburg von dem an Selbsthülfe gewöhnten

[1]) Als Herzog Magnus von Braunschweig die Verfügung seines Bruders Otto, dass alle Klagen gegen Juden, auch von Christen, nur vor der Synagoge erhoben werden sollten, bestätigte, sprach er öffentlich aus: „vor der Synagoge haben die Juden ein besseres Recht, der Anschuldigung zu entgehen, als irgend ein Andrer, Schuld auf sie zu bringen. Sudendorf. U. B. der Herzöge von Braunschw.-Lüneb. II. p. XIII. cf. ibid. No. 307. — Oelsner. Urkunden zur Gesch. d. Juden in Schlesien im Arch. f. Kunde österr. Gesch. XXXI. u. Hegel, Stchr. XIV. p. CLXVI. ff.

Zünftlergeschlecht mit Gewaltacten gegen den Stadtrath vorgegangen.[1])

Der Judenbrand, so resumirt Roscher (p. 339) „bei dem es hauptsächlich auf eine Vernichtung der Schuldbriefe ankam, ist eine Geldkrise barbarischester Art, eine mittelalterliche Form dessen, was man heutzutage sociale Revolution zu nennen pflegt.“

Diese Erkenntniss ist nicht etwa neu. Einsichtige Männer haben die Gefahr, die in dem wüsten Treiben der ‚Judenschläger‘ für die ganze Gesellschaft lag, schon im vierzehnten Jahrhundert voll und ganz begriffen.

Im Jahre 1338 wendet sich Papst Benedict XII. an den Herzog von Oesterreich. Man war mit Raub und Mord gegen die Juden auf Grund einer angeblichen Hostienschändung vorgegangen. Der Papst erwähnt in seinem Schreiben diesbezügliche Fälle absichtlichen Betruges durch Geistliche, welche lediglich die Aufreizung der Menge gegen die Juden bezweckten. „Invidia und odium“ bezeichnet er als die Motive und verlangt eine strenge Untersuchung denn er befürchtet eine gefährliche Ausdehnung dieser sehr zweifelhaften „Lynchjustiz“ auf alle Besitzenden überhaupt, die „non tantum ob causam seu occasionem praedictam, quantum ut aliquorum opinio est, ad Iudaeorum pecuniam rapiendam“ geübt worden sei. (Raynaldi Annal. Eccles. XVI. 1691. p. 64). Der Annalist citirt den Biographen Benedicts, dessen Erzählung die Besorgniss des Papstes rechtfertigt: „Surrexit quidam in partibus Alemanniae qui adunata sibi multitudine rusticorum Judaeos quoscumque reperire poterat trucidare ordinabat sub colore zeli fidei Christianae. Sed demum hic in perniciem et damnum Christianorum redundare coepit; nam etiam tales sic coadunati in Christianos saevire tentarunt: propter quod fuit eis obviatum et praesertim per Ludovicum ducem Bavariae memoratum, qui licet alias esse admodum perversus, prout sua facta demonstrant, tamen in hoc bene egit etc.“ (ibid. p. 65.)

[1]) Böhm. Font. IV. Diessenhof. p. 70. u. Math. Nuewenb. p. 263 ff.

Das ist ein ‚Zeichen der Zeit', ein Vorspiel der furchtbaren Anarchie, die wenige Jahre später über Deutschland hereinbrach.

Fast gleichzeitig mit der Pest hatte 1348 der Judenmord in Südfrankreich seinen Anfang genommen. Schon im Herbst desselben Jahres war die Bewegung nach Deutschland verpflanzt. Lange bevor die Pest am Orte erschienen war, hatte man in der Schweiz, im Elsass, am Oberrhein, in Schwaben, Ostfranken und Thüringen mit den Juden aufgeräumt.

Seit Ende März ruhte die Verfolgung. — Vereinzelt tritt dann Ende Mai eine „Judenschlacht" in Breslau auf, am 24. Juli folgt Frankfurt am Main, am 24. August Mainz und Cöln. Erst im Spätsommer und Herbst bricht dieselbe Bewegung in verschiedenen Orten Oesterreichs und Baierns aus, noch später in der Mark Brandenburg.

Erzbischof Wilhelm unterscheidet in seiner Einigung mit der Stadt Cöln betreff der zu besorgenden Ansprüche auf das hinterlassene Judengut ganz bestimmt zwei getrennte Perioden der Verfolgung: „Want in der zyt uns vuruaren wilne heren Walrauen erntzbuschofs zu Coelne, deme got gnedich sy, al umb inde umb in deme lande as mere as in allen steiden und dorpen die jueden, so way sy gesessen wairen, van gelouffe der gemeynden erslagen ind doit bleuen synt, ind yre haue un genoymen ind gewoist is, also as dat al umb in deme lande schynber inde landkundich is; inde want dergelych ouch in der zyt, dat unse vurscreuen vuruare verscheyden was [1349, Aug. 14.], ind ee uns von deme erntzenbuschdom van Coelne versien were [1349, Dec. 18.], die jueden die zu Coelne gesessen inde wonende waren . . . bussen willen und zudoin des raits und der gueder luyde . . . erslagen sint." (Lacombl. III. No. 489. p. 391. Urk. v. 1350, Sept. 23.)

Cöln hatte zur Zeit der ersten Hochfluth der Verfolgung

seine Juden energisch zu schützen gewusst, wie die beiden Briefe vom 19. Dec. 1348 und vom 12. Jan. 1349 beweisen. (Schilter p. 1021—1024.) Hier ist jener ersten Periode, da ringsum in Dorf und Stadt die Juden durch den Auflauf der Gemeinden ihren Untergang fanden, die viel später und wider den Willen des Raths und der guten Bürger eintretende Judenschlacht in Cöln gegenübergestellt.

Was hat die Pause veranlasst und was gab den erneuten Impuls? An einzelnen Punkten, so z. B. in Brandenburg, mag die auftretende Pest den directen Anstoss gegeben haben, aber für Breslau, für Cöln, wo die Pest erst lange Zeit nach dem Judenmord ausbricht, trifft das nicht zu, und beide Fragen stehen somit offen. Die thatsächliche Aufeinanderfolge der Vorgänge giebt im Zusammenhang mit gleichzeitigen Ereignissen eine ausreichende Antwort.

Unter dem allgemeinen Schrecken, den die erste Kunde von der nahenden Pest verbreitete, hörte jede besonnene Ueberlegung auf. Die Berichte lassen keinen Zweifel darüber, dass man an die Fabel der Brunnenvergiftung glaubte.

In Constanz zwang man die Juden das Brunnenwasser zu trinken, während die Bürger ihren Bedarf aus dem See schöpften. (Diessenhof p. 68.) Als die Strassburger Rathsherren öffentlich erklärten, dass sie nichts schlimmes von ihren Juden wüssten, erhob sich der Einwand: „warumb sie ihre burnen hettent beslossen und die eimer drabe geton“ (Königshof. p. 760). Und als zu Erfurt der Verdacht der Brunnenvergiftung laut wurde, da hörten die reichen Bürger auf mit Wasser zu kochen, und vielfach ist bezeugt, dass man in Dorf und Stadt nur Regenwasser zu trinken wagte. (Chron. Samp. p. 186.)

Freilich lag in solchem Wahn nicht die einzige Veranlassung und letzte Begründung der Verfolgung. Es scheint, dass eine planmässige Agitation die Erregung der Gemüther zu lenken verstand. Wie plump diese Agitation an einzelnen Orten gehandhabt wurde, zeigt recht drastisch, um von der Anwendung der Folter in der Untersuchung der Brunnenvergiftung zu schweigen, ein Vorgang bei der Verfolgung in Ulm. Daselbst colportirte man 1348 einen Brief,[1]) datirt aus Jerusalem zur Zeit des Todes Christi, geschrieben von den dortigen Juden und addressirt an die Juden in Ulm, darin die Nachricht von der Kreuzigung des Heilands als Freudenbotschaft mitgetheilt wird.

Die Brunnenvergiftung war ein gut erfundener Vorwand; die oben (p. 42 ff.) zusammengestellten Notizen lassen über die thatsächlichen Motive keinen Zweifel, und es wird schwerlich zu bestreiten sein, dass Neid und Hass den Aberglauben der Menge angemessen zu verwerthen wusste.

Nachgerade hatte man sich freilich von der Thorheit solcher Anklage überzeugt. Schon im Herbst 1348 (Sept. 26.) hatte eine päpstliche Bulle, die zum Schutz der Juden erlassen war, darauf hingewiesen, dass in Avignon die Juden noch zahlreicher als die Christen der unheimlichen Krankheit erlegen waren. Man hatte ferner erfahren müssen, dass, obgleich man in Burgund, im Elsass dass verhasste Geschlecht vertilgt hatte, der Tod gleichwohl jene Gebiete nicht verschonte und Monate lang nach dem Untergang der Juden auch hier seine Opfer forderte.

Wo die Juden noch am Leben waren, vermochte besonnener Zuspruch sie jetzt zu schützen. Eine Weile scheint es, als sollte der Rest der Judenschaft verschont bleiben. — Da bricht plötzlich die Bewegung mit erneuter Gewalt los.

---

[1]) Auf dieses Document beruft sich ein Historiker des fünfzehnten Jahrhunderts, um das ehrwürdige Alter der Stadt Ulm zu beweisen. (Felix Faber in seinem ungedruckten „Tractatus de civitate Ulmensi." Münch. Staatsbibl. Cod. lat. 848.) Der Brief lautet: „Fratribus, qui sunt in transmarina regione Suevie in civitate Ulmensi, Judeis salutem dicunt fratres, qui sunt Jerosolimis et in regione Judea, et pacem bonam. De tribulatione magna liberati magnifice gratias agimus, denunciantes vobis, impium seductorem Jesum Nazarenum, filium Josephi, fore de medio sublatum. Cum enim eius insultas et blasphemias amplius sustinere non possemus, accusationem contra eum ad presidem tulimus. Qui auditis causis nostreque calamitati compatiens plurimum castigatum cruci figi jussit et interfici, prout meruit discipulosque eius dispergi. Valete." Pressel, Gesch. d. Juden in Ulm. 1873. p. 26.

In der oben citirten Einigung des Erzbischofs mit der Stadt Cöln wird der Judenmord vom 24. August 1349 „dem Auflauf des von auswärts hereingekommenen wie des städtischen Pöbels“ zugeschrieben. Die Stelle lautet wörtlich: „gelouffe beyde derghenere, die buessen Coelne gesessen waren, ind dergheenere die nyet zu verliesen enhatten ... buyssen willen ind zudoin des raitz ind der gueder luyde unser burgere van Coelne, die dat up die zyt niet wale gheker en onkunden.“[1])

Nur so viel geht aus dem Wortlaut hervor, dass die ‚Judenschläger‘ zu Cöln zu einem Theil fremde Leute, zum andren Cölner Proletarier waren.

Schon im Frühjahr 1349 hat die Geisselfahrt eine pandemische Verbreitung in Deutschland gefunden. Eigenthümlicher Art sind die Notizen, die uns einen Zusammenhang dieser Bewegung mit den Verfolgungen der Juden erkennen lassen.

Rebdorf erzählt in seinem Bericht über die Bussübung: „Isti flagellatores cum quoddam oppidum Bambergensis diocesis transirent, in quo magna fuit copia Judeorum, ipsi Judei inopinate irruerunt in ipsos, quatuordecim vel circa flagellatores occiderunt et aliquos cives defensores eorum, et postea oppidum igne succenderunt“ Font. IV. p. 561.) Eine weitere Mittheilung findet sich bei Caspar Camenz: „Anno 1349, quo flagellantium secta in nostra Alemannia

[1]) Ennen (Gesch. der Stadt Cöln, II. p. 232) bezieht diese Worte irrthümlich auf die erschlagenen Juden, „sowohl die, welche ausserhalb der Stadt ansässig waren, als die, welche nichts zu verlieren hatten.“ Schon Hegel (Stchr. XIV. p. C. Anm. 1) bemerkt, dass sie nur richtig auf den Charakter der Theilnehmer an der „Judenschlacht“ zu beziehen sind. Es ergiebt sich das übrigens unzweifelhaft aus dem Text der Urkunde; p. 493 heisst es mit Bezug auf diese Stelle: „Voirt werit sache, dat yeman enbuyssen Coelne gesessen, die dersuluen stat ingesessen burger nyet enwere, uns misdain hedde an der slaiht der jueden van Coelne, of an irme guede dat hei genoymen hedde“ etc.

turmatim civitates et loca penetravit, contigit, eorum Francofordiam permagnum intrare numerum. Qui intelligentes, Judaeos in optimo loci situ habitare, nescio, an iustam dicere audeam, indignationem graviter ferre, domini contemptum vindicare, armis assumptis pugnare ceperunt. Fit pugna et Judaeorum strages, frustra civibus pro pace et Judaeorum laborantibus securitate. Irrumpunt Judaeorum domus; obruuntur, Judaei qui ad arma corruerant, obtruncantur. Hinc campana horroris pulsata et cives armati in Judaeorum hostes insultum fecerunt, quorum vi et virtute non sine gravi proelio pax tandem Judaeis, quanquam plurimos gladius devorasset, reddita est.“ (Font. IV. p. 434.) Caspar erzählt dann weiter, dass die Juden, trotz der angegebenen Haltung der Bürgerschaft, Rachepläne gegen die ganze Stadt sinnen und in Folge dessen ihren völligen Untergang finden, „omnis Judaeus“ so schliesst der Bericht „hospiti suo est ignis in sinu, mus in pera, et serpens in gremio.“ Schon die Kritik, die Latomus (Font. IV. p. 416.) an dem zweiten Theil dieser Erzählung übt, lässt uns erkennen, wie hier Sage und Geschichte in einander verwebt ist, aber das Korn objectiver Wahrheit ist unzweifelhaft die Agitation der Flagellanten gegen die Juden, die sich auch für Breslau und Mainz nachweisen lässt und auf welche die päpstliche Bulle vom 20. Oct. 1349 so nachdrücklich hinweist. (cf. oben p. 14. Anm. 2.) Zum Ueberfluss lesen wir schliesslich bei Detmar, dass die Geissler „to kolne an deme ryne de ioden dod gheslaghen“ haben (Graut. I. p. 275).

Und wenn derart der erneute Impuls zu der Judenverfolgung unzweifelhaft von den Geisselbrüdern ausgegangen ist, so ist noch die andere Thatsache zu verzeichnen, dass mit der gewaltsamen Unterdrückung dieser kurzlebigen Secte die Verfolgungen fast plötzlich abgeschnitten sind.

Die Geschichte der Geisselfahrt ist noch wenig aufgeklärt. Die fleissigen Arbeiten Förstemanns[1]) sind heute völlig veraltet und wir müssen uns hier begnügen aus dürftigen Notizen ein skizzenhaftes Bild der Bewegung zu entwerfen.

Schon oben (p. 13) ist darauf hingedeutet, dass wir zwei Stadien der Bewegung zu unterscheiden haben. Jenes erste Stadium, in dem die Bussübung noch durchaus den reinen Character ihrer spontanen Enstehung trägt, findet einen vollendeten Ausdruck in den vielfach erhaltenen Geisselliedern. Entsetzte Seelenangst greift zu einer in der religiösen Auffassung der Zeit vollständig erklärlichen Präventivmassregel gegen die nahende Gefahr des Todes. In frommer Selbstpeinigung wird die Gnade eines zürnenden Gottes angerufen und mit Scheu und Bewunderung blickt das Volk auf die schwärmerischen Büsser.

So weit können wir die Bewegung in ihrer Entwickelung klar erkennen. Der erste Eindruck, den das Auftreten der Flagellanten in der ohnehin fieberhaft erregten Zeit machte, war ein gewaltiger. Closener erzählt aus Strassburg: „wanne die geischeler sich geischeltent, do waz daz groste zulouffen und das groste weinen von andaht, daz je kein man solt gesehen. so sü denne brief losent, so huob sich der groste jomer von deme volke, wande sie gloubeten alle es were ware," und Hervord schreibt: „cor lapideum esset quod talia

---

[1]) Die ersten Beiträge zur Geschichte der Geisslersecte lieferte Förstemann im 1. Band von Stäudlin-Tzschirners Archiv für alte und neue Kirchengeschichte, (Heft II. p. 125—144); im dritten Bande desselben Archivs folgte dann eine umfangreiche Abhandlung über „die christlichen Geisslergesellschaften" (p. 119—170, p. 378—459, p. 573—665), die später in erweiterter Bearbeitung unter gleichem Titel in Buchform erschien (Halle 1828). Die ganze ältere Literatur ist von Förstemann sorgfältig registrirt. Werthvolles Material brachten später die „Neuen Mittheilungen aus dem Gebiete hist.-antiquarischer Forschungen (Thüring.-Sächs. Verein. Halle und Nordhausen 1836 p. 1—37) durch den Abdruck einer älteren Bearbeitung: Stumpf. Historia Flagellantium praecipue in Thuringia una cum authenticis Documentis. MDCCLXXX. ed. Erhard. Am werthvollsten ist die hier mitgetheilte lateinische Uebersetzung der Geisselpredigt

sine lacrimis posset aspicere." Mit Glockengeläute wurden sie begrüsst und gastlich nach der Bussübung aufgenommen. „wo sie hinkoment, wie vil ir denne was, so lut man sü alle uf und bot es in ussermossen wol, und was vil lütes die sü gerne hettent geladen, mohtent sü ir bekomen sin, also wert worent sü. die burgere in den steten die gobent in von der gemeinde gelt, domit sie vanen und kertzen kouftent" (Clos. 118.)

Allmälig gewinnen die Verhältnisse ein anderes Aussehen. Der Inhalt der „Geisselpredigt" [1]), deren Abfassung jedenfalls in die Anfangszeit der Bewegung fällt, — wenigstens passt der Hinweis auf Heuschrecken, Hungersnoth und Erdbeben am zutreffendsten auf das südöstliche Deutschland, den örtlichen Ausgangspunkt der Bussübung, — lässt uns über Zwecke und Ziele derselben, die über eine Abwendung der Pest durch werkthätige Busse und heiliges Leben hinausgehen, noch ziemlich im Unklaren. Allenfalls tritt in einzelnen Wendungen schon eine Opposition gegen die Verderbtheit des Clerus zu Tage: „und wer der priester ist, der den brief miner botschaft hat und den nüt enliset vor dem volke und den birget in siner haltunge, der ist gottes fient, und behaltet nüt sin gebot. ja sint es etteliche priester, die darumbe priester werdent, daz sü wol essen und trinken wellent und gottes wort nüt bredien wellent," Worte, in denen sich fast schon ein bewusster Gegensatz zur Kirchenlehre ausspricht. Eben dahin gehört die Bestimmung, dass kein Pfaffe „sollte meister under in sin noch an iren heimlichen rot gon" [2]) (Clos. p. 118).

[1]) Vollständig mitgetheilt von Closener l. c. p. 111 - 117. Es ist ein Brief, den ein Engel auf den Altar St. Peters zu Jerusalem niedergelegt haben soll, und in dem Gott selbst die Menschen zu Reue und Busse auffordert. Daran schliesst sich ein Bericht über die bisherige Verbreitung der Pest und über Herkunft der Geisselfahrt, sowie eine Beschreibung der Krankheitserscheinungen. Das Recept gegen die Pest, das Closener zu guterletzt noch mittheilt, widerstreitet eigentlich der Absicht der Betfahrt, die ja die Krankheit principaliter abwenden soll.

[2]) So ganz strict scheint dem übrigens nicht Folge gegeben zu sein. Ein schlesischer Chronist z. B. erwähnt die Geissler: „ducti per quendam

Im übrigen war der Zutritt auch Geistlichen gestattet und von Closener wissen wir, dass sich deren viele der Brüderschaft anschlossen, „doch underwant sich des kein pfaffe der ut geleret was“. (l. c. p. 118). Die päpstliche Bulle, die gerade über diesen Punkt bittere Klage führt, ergänzt die Mittheilung Closeners dahin, dass dies fast ausschliesslich Bettelmönche waren, die schon zur Zeit Ludwig des Baiern in engen Beziehungen zu diesem Fürsten und offenem Widerstreit zum Papste standen.

Dieser Charakter steigert sich allmählich bis zur rücksichtslosesten Offensive gegen die Kirche. Hervord ein Zeitgenosse und Augenzeuge schreibt: „De religiosis et clericis et ecclesie sacramentis non sobrie sentiunt et loquuntur, objurgationes et correctiones respuunt, et persuasiones fastidiunt, immo contempnunt. Unde et fratres duos predicatores eis occurentes in campo volentes occidere, cum agilior elapsus aufugisset, alium lapidaverunt, et mortuum lapidibus obrutum reliquerunt in metis Mysne et Bayoarie, persuasionibus eorum exasperati. Et in plerisque locis similia fecerunt. Si forte dicebatur eis: cur predicatis, cum non sitis missi, dicente apostolo: „quomodo predicabunt, nisi mittantur“, et docetis, quod non intelligitis ‚cum sitis illiterati‘, responderunt, quasi clavum clavo retundere volentes: ‚et qui misit vos, et per quid scitis, quod corpus Christi consecratis, aut quod verum est ewangelium, quod predicatis?‘ Si respondetur eis, quod a Salvatore nostro recepimus ista, qui corpus suum consecravit, et discipulis suis et eorum sequacibus consecrare mandavit, formam consecrationis instituens, per quos ad nos usque pervenit, et per ecclesiam sumus missi, que etiam ewangelium, quod predicamus, verum esse docet, et errare non potest, cum a spiritu sancto regatur, sicut eis frater quidam predicator respondit, dicunt: ‚quod ipsi immediatius docti et missi sunt a Domino et Dei spiritu,

---

diaconum“, der Zusatz „hereticum“ zeigt übrigens, welche Eigenschaft den Priester zu solcher Würde qualificirte, und rechtfertigt den Ausnahmefall genügend. (Annalista Siles. Ztschrft. f. Schles. Gesch. I. p. 221.)

secundum illud Ysaie cap. 48: „misit me Dominus et spiritus eius.“

Bis zu diesem Punkte gewinnt die Geisselfahrt stetig an Macht und Ansehen. Die Opposition gegen den Klerus fand in den weitesten Kreisen einen günstigen Boden, und es scheint einen Augenblick, als wenn in dieser Richtung der Kern der ganzen Bewegung läge: „süs brochtent sü die lute dorzuo“, äussert Closener im Anschluss an eine den citirten Bemerkungen Hervords ziemlich analoge Ausführung, „daz sü der geischeler worte me geloubetent denne der pfaffheit. und die lüte sprochent ouch zuo den pfaffen: „waz kunnent ir gesagen? dis sint lute die die worheit fürent und sagent.“ und wo sü in die stette koment, do viel viel lütes zuo in, die ouch geischeler wurdent.“ Und an anderer Stelle heisst es: „an der erste hettent sü daz volg an sich broht, daz man nieman verhoren wolt, der wider sü rette. welre pfaffe ouch wider sü rette, der mochte kume genesen vor dem volke.“ (ps. 191)

Da tritt fast plötzlich ein radicaler Umschwung ein; die Stimmung verändert sich zu Ungunsten der Geissler, die man eben noch so freudig empfangen hatte. Closener erzählt: „darnach machtent sich frowen uf und fuorent ouch after lande und geischeltent sich, donoch furent junge knaben und kint ouch die geischelfart. donoch woltent die von Strosburg nüt me gegen in sturmen und woltent in ouch keine stüre geben zu kertzen und zuo fanen. man wart ir ouch also müde, daz man sü nüt me also gedihte zuo hüse lüt als man hette getoen. sus gerietent sü als unwert werden daz man lutzel ahte uf sü hette.“

Der Vorgang ist dunkel. Es kann, wie wir weiter unten sehen werden, ein Zweifel nicht obwalten, dass eine zielbewusste Agitation hier in Wirksamkeit tritt, die die gefährliche Macht einer geheimen Verbindung übte und mit der ursprünglichen Absicht der Bussübung nichts mehr gemein hatte. Aber wie sich der Umschwung vollzogen, wer die Männer gewesen, die sich an die Spitze stellten, lässt sich nicht erkennen.

Die Kriegserklärung an die entarteten Diener der Kirche hatte die Volksthümlichkeit der Bewegung höchstens gesteigert. Closener hebt ausdrücklich hervor, dass „manig bider man mit sinre einvaltige wise in die geischelfart trat." Es müssen unbedingt weitere Absichten hinzugetreten sein, welche nicht nur die Theilnahme aller wohlgesinnten Elemente abwendeten, sondern sogar energische Repressivmassregeln hervorriefen.

In Strassburg schliessen sich die gastlichen Thore für die Geissler (Clos. p. 119), schon vorher hatte in Osnabrück (Hervord l. c.), in Erfurt (Chron. Samp. p. 180) der Rath ihnen den Eintritt in die Stadt verweigert, desgleichen in Lübeck. Und als hier trotz des Verbotes ein Theil hereinkam, da „nemen de de heren und leten se setten to des vronen hus." (Detmar, p. 275.)

Mit ihrem Heraustreten aus der localen Beschränkung hatte sich der Character der Bussübung sehr bald verändert. Vereinzelte Notizen lassen uns die Wandlung errathen. So heisst es bei Closener: „do vil och maniger bewerter bosewichte zuo denne biderber lüte, die donoch also bose wurdent oder boser danne vor. etliche blibent ouch biderbe dornoch, der waz aber nüt vil." Und wenn anfangs die frommen Büsser „mit keinre frowen getürstent reden", so hören wir jetzt: „transiverunt eciam in similibus turmis mulieres et virgines que, sicut audivi, nonnunequam plenis, salva reverencia, gremiis redierunt." (Chron. princ. Pol. ap. Stenzel S. S. rer. Sil. I. p. 167.) Es konnte mit der Selbstgeisselung auch so blutiger Ernst nicht mehr sein, wenn „ettelichen die bruderschaft also wol liebet: so sü si zweimol vollebrauchtent, so vingent sü si wider an", und wenn Closener fortfährt: „doz geschah darumbe, wanne sü gingent die wile müssig und arbeitent nüt," so ist das eine drastische Illustration, wie Tagediebe und Vagabunden die fromme Einfalt der Zeit auszunutzen verstanden.[1])

[1]) Auch anderweitig ist es bezeugt, dass der ursprünglich hohe sittliche Gedanke, der hier freilich in roher Hülle zu Tage tritt, sich in schnödem Missbrauch verlor. Die Magdeburger Schöppenchronik berichtet:

Solcher Missbrauch wäre immer noch verhältnissmässig harmlos, bedenklicher war schon die Aufreizung zum Judenmord und die daran anknüpfenden erneuten Raub- und Mordscenen. Desgleichen ihre Gewaltacte gegen Priester und Laien, die dem Unwesen entgegenzutreten versuchten. Detmar (l. c.) berichtet „unde we ok up ere sette gicht sprak, den sloghen se, wor se des bekemen kunden," und das Cronikon Sampetrinum meint: „nisi divina misericordia clerum protexisset, per eorum consilium lapidatus vel male tractatus fuisset."

Schliesslich wendet sich Carl IV. an den Papst „dass er etwas hiezu gedchte, anders die geischeler verkertent alle Welt." (Königshof p. 767.)

Mit behaglicher Breite sehen wir die Geisselfahrt in ihrem ersten Stadium von den Berichterstattern dargestellt, dann wird allenfalls noch die ketzerische Seite ihrer Bestrebungen hervorgehoben und schliesslich mit den dürftigsten Andeutungen über ihre allgemeine Entartung auf ihr plötzliches Ende hingewiesen, ohne dass wir über das letzte Stadium, das uns hier am meisten interessirt, irgend genügende Auskunft erhielten.

Es ist hier eine Lücke in der ohnehin kargen Ueberlieferung. So viel ist klar, dass der Judenmord noch weniger als die Angriffe auf die Kirche bei der breiten Masse des Volkes eine feindliche Stimmung gegen die Brüderschaft hervorrufen konnte. Der Jude war zu sehr verhasst, um mehr als den, wie sich jetzt klar erwiesen hatte, gegen den allgemeinen Unwillen unzulänglichen Schutz der interessirten Machthaber zu finden. Selbst Einsichtige, die ziemlich unverholen die Anklage der Brunnenvergiftung als unbegründet hinstellen und die Tilgung der Schuldbriefe als Hauptgrund der Verfolgung angeben, haben über die Verurtheilung dieses Motivs hinaus, kein Wort des Mitleids für die Gemordeten.

‚Ed worden ok stede in der mark ghewonnen mit der list, dat wapende lude dar in ghingen als gheyslere vnd hadden crutze geneyet up ore ouersten cleider". Hegel, Stchr. VII. p. 204. cf. Riedel. IV. A. p. 185.

Das Chronicum Sampetrinum (l. c.) schliesst seinen Bericht über den Judenbrand in Erfurt in einem bei den Schreibern des vierzehnten Jahrhunderts so überaus seltenen Durchbruch individuellen Gefühls mit den Worten: „requiescant in inferno", und wie offen man das Leben des Juden als Sachwerth behandelte, zeigt der Umstand, dass in der goldenen Bulle von 1356 die Juden in einer Reihe mit dem Berg- und Salzregal verliehen werden.

Die päpstliche Bulle ist uns glücklicher Weise erhalten. Ihre klaren Auseinandersetzungen werfen ein helles Licht in die vielfach dunklen Vorgänge.

Der Papst nennt die Bewegung: „quedam sub praetextu devotionis et agendae poenitentiae vana religio et superstitiosa adinventio", er betont ihre geheime und einheitliche Organisation „periculosius formidatur quod per societates et conventicula, licet caudas invicem colligatas habeat", und giebt schliesslich das Schuldregister in folgender Fassung: „Nos igitur tam pernicioso et periculoso principio, per quod ultra divinae majestatis offensum, magnum rei publicae paratur periculum et apud fideles scandalum generatur, ne deteriores processus pariat et successus obstare volentes; et considerantes, quod cum plerique ex ipsis seu adhaerentes eisdem sub pietatis colore ad impietatis opera laxantes crudeliter manus suas, Judaeorum (quos pietas Christiana recipit et sustinet, offendi eos aliquatenus non permittens) et frequenter Christianorum sanguinem effundere, et opportunitate captata, bona clericorum et laicorum dirripere, et suis juribus applicare, ac superiorum jurisdictionem usurpare, et ad multa alia illicita prorumpere minime vereantur, timendum est, quod tam praesumpta temeritas et temeraria praesumptio, nisi ei per salubre antidotum occuratur, paritura sint non levem perniciem, et aliquorum morbi lethalis contagio serpens in plurimos, sero recipiat medicinam." Mit allen Mitteln soll die Bewegung unterdrückt werden: „sane ut religiosi, et alii errorum magistri, qui praedicando et dogmatizando simplices decipiunt, . . . omnes et singulos cuiuscumque sint ordinis religionis, dignitatis praeminentiae, sive status, quos in praedictis vobis constiterit deliquisse, capi, non obstante quocumque privilegio vel indulto, faciatis et tam diu captos detineatis, donec aliud a nobis receperitis in mandatis, invocato ad hoc, si opus fuerit, auxilio brachii secularis." (Raynaldi Ann. Eccles XVI. p. 292 ff.)

Man braucht den Dingen nicht Gewalt anzuthun, um aus diesem Document herauszulesen, dass hier eine vollsändig organisirte socialpolitische Bewegung angegriffen wird, welche die Bussübung nur zur Deckung ihrer gegen die Grundlagen der Gesellschaft gerichteten Bestrebungen benützt.

Freilich war die Kirche in erster Linie gefährdet. Mit der Verleugnung ihrer wesentlichen Satzungen, der Verwerfung der Priesterbeichte und Absolution, des Ablasses und der Seelenmessen, waren die Hauptstützen ihrer Macht bedroht. Der Verdacht lässt sich nicht von der Hand weisen, dass die Worte: „magnum rei publicae periculum" eine wohlberechnete Uebertreibung seitens des Papstes enthalten, um die Anrufung weltlicher Gerichtsbarkeit hinreichend zu motiviren.

Die Blüthezeit der Ketzergerichte und Hexenprozesse hatte damals in Deutschland noch nicht begonnen. Die von der weltlichen Macht verhängten Strafen für Gotteslästerung und Zauberei sind auffallend mild,[1]) und nur der Umstand

[1]) Bd. IX. der Chr. d. Städte bringt Auszüge aus dem sogen. „heimlichen Buch" von Strassburg: „anno 1353, Grede von Lare, hinder der der zouber funden wart, hat dise stat iemerme versworn eweclich über Rin, und wo man sü indewendig der mile hie dissite Rines ergriffet, so sol man sü erdrenken, umb daz man zouber bi ir vant, und es ouch meister und rat vür zouber hettent, und ouch vaste belümet waz vür unvertig". (l. c. p. 1020.) ‚1359, Claushorn genant Engelbreht, Selden ein schuoler und Cüntzelin von Altzenheim hant die stat iemerme eweclich naht und dag eine mile versworn, umb daz sie in einen sessel und in eine trispitze hiewent und sprachent: es wer got, sie woltent ime ein bein abehouwen, und wurffeln die ougen usstochent und sprachent: es were got, sie woltent ime sin ougen usstechen, und ouch umbe andere böse und unkristenliche wort die sie von gotte und von sinre lieben muter redtent, die nit ze

erklärt die eiserne Strenge, mit der Fürsten, Herren und Städte gegen die Geisselfahrt einschreiten, dass auch die weltliche Obrigkeit in derselben mehr als eine ketzerische Secte witterte.

Die Annales breves Solmenses (Font. IV. p. 449) notiren: „1349 comes de Solms decapitavit de geissler", der Limburger Chronist (p. 17.) schreibt „und ward deren mancher verderbt und gehangen in Westpfahlen und anderswo und wurdent verweiset von dem Rath, da sie in gesessen hatten", und die Gesta Trevirorum (II. p. 263) erzählen: „quam sectam ut haereticam dominus papa Clemens sextus damnavit, et domino Baldewino mandata destinavit, quae dominus Baldevinus non per plebanos, quos laici interfecissent, sed per suos burchgravios, sculteto et scabinos executioni mandavit, et eam vix extirpavit."

Wenn wir solche Strafen, die sich in grosser Anzahl finden, neben die früher gegebenen Andeutungen über Character und Thätigkeit der Brüderschaft in ihrem letzten Stadium halten, so können wir uns dem Eindruck nicht verschliessen, dass hier von einer radicalen Umsturzpartei ein erbitterter Kampf gegen Staat und Kirche, gegen alle Besitzenden überhaupt sich erhebt. Es ist eine mächtige sociale Revolution, die gewaltigste Steigerung der demokratischen Tendenzen, die das ganze vierzehnte Jahrhundert bewegen.

Noch zur rechten Stunde erkannte man die Gefahr. Die fromme Täuschung der Bussübung verfing selbst bei dem gläubigen Volke nicht mehr. Mit allen Mitteln der Gewalt werden die Anstifter, unter denen, wie die päpstliche Bulle errathen lässt, auch hochstehende Männer gewesen sein müssen, verfolgt und von der vereinten weltlichen und geistlichen Macht wird die gefährliche Revolution in ihren Keimen erstickt.

---

schribende noch ze nennende sint, und wart ouch der vorgenant Cüntzelin beseyt, daz er ein messer uf gegen dem himel würffe und sprach: er wolte es in gott werffen." (p. 1021.)

Dem Blicke der Forschung hat sich diese mächtige Bewegung in ihrer vollen Bedeutung bislang entzogen. Die gleichzeitigen Geschichtschreiber sind magere Annalisten oder im besten Falle treuherzig-schlichte Erzähler, denen jeder weitschauende Blick, jeder staatsmännische Gedanke fehlt. Es sind uns allerdings einige Aufzeichnungen von Männern erhalten, die mitten in der politischen Thätigkeit dieser Zeit standen, und die wie Eberhard Mülner von Zürich oder Ulman Stromer von Nürnberg die grossen bewegenden Mächte klarer begriffen haben müssen. Auffallender Weise sind Beide mit keinem Worte auf diese Verhältnisse eingegangen. (cf. oben p. 29 u. 45.) Es ist wie eine stillschweigende Uebereinkunft nichts von diesen furchtbaren Dingen verlauten zu lassen. Eine solche sociale Krisis ist gemeiniglich in gleichbemessenem Umfang von allen Schichten der Gesellschaft verschuldet. Man schämt sich des wilden Taumels, der seine Orgien gefeiert und möchte selbst die Erinnerung an die frevelhaften Ausschreitungen forttilgen. Wie anders wäre es sonst verständlich, dass bei Bestätigung des Manngerichtsurtheils in Sachen des nachgelassenen Judengutes vom 24. Februar 1352 in Cöln die Richter, die sicherlich so gut wie der Erzbischof über die thatsächlichen Vorgänge orientirt waren, nur noch von jener ersten Periode der Judenverfo gungen zu sprechen wissen, da „die juden van geschichte ind van eime gelouffe der gemeynden, sunder upsatz ind sunder vurrayt tot bleuen sind.“ (Lacombl. III. No. 508 p. 413), während doch gerade in Cöln erst die sociale Revolution der zweiten Periode den Untergang der Juden herbeigeführt hat.

In dieser Auffassung liegt vielleicht auch die letzte Erklärung für jenen eigenthümlichen Vorgang in der Ueberlieferung, der Judenmord, Geisselfahrt und Pest in directer Umstellung ihrer thatsächlichen Aufeinanderfolge gruppirte.

Die mittelalterlichen Geschichtsquellen bieten uns durchweg für die Beurtheilung der geistigen Strömungen ein äusserst dürftiges Material. Um so dankenswerther erscheint somit eine Kunde, die uns errathen lässt, was in jener Zeit die Gemüther der Menschen bewegte, welche Gedanken in der breiten Masse des Volkes lebendig geworden waren. Eine solche finden wir am Schluss der Chronik des Johann von Winterthur, wo uns die alte deutsche Kaisersage in einer ganz merkwürdigen Form entgegentritt.

Im October 1347 war Ludwig der Baier eines plötzlichen Todes gestorben. Der Kampf dieses Fürsten gegen das Papstthum, in dem zumal die Städte treu an seiner Seite ausharrten, hatte mit der Verhängung zahlloser Kirchenstrafen eine heftige Erregung in Deutschland hervorgerufen. Schon seit Jahresfrist rang der „Pfaffenkönig“, den die päpstliche Partei in Carl IV. aufgestellt hatte, nach Anerkennung. Noch hatte die wittelsbach'sche Partei keinen neuen Gegner aufgestellt, und rathlose Verwirrung herrschte an allen Enden des Reiches.

In diesem Moment ist die Sage von der erwarteten Wiederkehr Friedrichs II. aufgezeichnet: „In hiis temporibus aput homines diversi generis, immo cuncti generis, multos assertissime vulgabatur: imperatorem Fridericum secundum huius nomis ad reformandum statum omnino depravatum ecclesie venturum in robore maximo potentatum. Adiciunt quoque homines predicta sencientes: quod necesse sit eum venire, si in mille partes secatus esset, immo si in pulverem per conbustionem redactus foret, eo quod divinitus sit decretum ita debere fieri, quod inmutari inpossibile est. Secundum igitur istam assercionem cum resuscitatus ad imperii sui culmen reversus fuerit, puelle vel femine pauperi in matrimonio junget virum divitem et e converso, m:oniales et sorores in seculo degentes maritabit, monachos uxorabit, pupillis, orphanis viduis, omnibus et singulis spoliatis, res ablatas restituet cunctisque faciet justicie conplementum. Clericos persequetur adeo atrociter, quod coranas et tonsuras suas stercore bovino, si aliud tegumentum non habuerint, obducent, ne appareant tonsorati. Religiosos qui denunciando processus papales contra eum, praecipue fratres Minores, ipsum de imperio repulerant, de terra fugabit. Post resumptum imperrium justius et gloriosius gubernatum quam ante, cum exercitu copioso transfretabit et in monte Oliveti vel aput arborem aridam imperium resignabit." (D. Chron d. Joh. v. Winterth. ed. Wyss. Arch. f. Schweiz. Gesch. 1856 p. 249 ff.)

Wie mit einem Schlage tritt uns hier die gährende Zeit vor die Augen. Der gewaltige ghibellinische Geist, der nach Befreiung von der Pfaffenherrschaft ringt, reformatorische Gedanken, wie Abschaffung des Cölibats und tiefwühlende socialistische Ideen, wie der Ausgleich der Vermögensverhältnisse und Schutz für die Armen und Beraubten.

Ganz eigenthümlich berühren die äusseren Verhältnisse, unter denen uns diese Ueberlieferung zugegangen ist. Wir besitzen unzweifelhaft die Originalhandschrift. (l. c. Einl. p. XXII.) Das eigentliche Werk ist 1347 beendet und reicht bis zur Mitte dieses Jahres, wie Wyss in seiner scharfsinnigen Analyse desselben nachgewiesen hat. Von da ab sind bis zur Mitte des Jahres 1348 die Begebenheiten gleichzeitig und in der Reihenfolge, wie sie dem Schreiber zur Kenntniss gelangten, nachgetragen.[1]) Die Prophezeihung

[1]) Für die Frage, ob dieser Nachtrag von Johann herrührt, vermag ich nichts neues beizutragen. Wyss hält die Annahme eines zweiten Autors für unwahrscheinlich, dagegen vermuthet er eine wesentlich spätere Entstehung dieses letzten Theiles der Chronik. (Einl. p. XIV. ff.) Für meine Auffassung ist eine Entstehung dieses Nachtrages nach dem 1. Jan. 1349 undenkbar. Ganz abgesehen davon, dass schon einzelne Wetternachrichten mit genauer Tagesbestimmung eine gleichzeitige Niederschrift vermuthen lassen, hat der Schreiber zusammengehörige Nachrichten, die er in einer späteren Zeit unbedingt auch zusammengezogen hätte, in unvermittelter Trennung aufgezeichnet; offenbar weil er die ergänzende Mittheilung erst nachträglich in Erfahrung brachte. Zuletzt bleibt zu berücksichtigen, dass unmittelbar anknüpfende Ereignisse, die schon in den Anfang des Jahres 1349 fallen, die den Schreiber im höchsten Grade interessiren mussten, und die er in späterer Zeit unmöglich übergehen konnte, mit keinem Worte erwähnt sind. p. 245 erzählt er, dass mit Beginn des Jahres 1348 die Pest ultra in orientalibus partibus entstanden sei; am genauesten scheint er über die Vorgänge in

von der Wiederkehr Kaiser Friedrichs steht an letzter Stelle, es folgt nur noch in einigen Zeilen eine kurze Wundergeschichte. Ohne irgend welchen abschliessenden Gedanken endigt die Handschrift inmitten einer Seite, der noch einige unbeschriebene Blätter folgen. Die Anfangsbuchstaben der letzten Abschnitte sind weggelassen, offenbar, um sie später mit rother Farbe nachzutragen. (Einl. p. XIV.)

Nach Wyss ist es nicht ausgeschlossen, dass auch dieser letzte Nachtrag von der Hand Winterthurs herrührt. Mit dem Jahre 1347 verschwindet jede Spur von der Existenz des Autors, der damals im fünfzigsten Lebensjahre stand aber ob er nun selbst, ob ein Ordensbruder die Feder geführt, es ist als ob ein plötzliches Schicksal den Schreiber mitten aus seiner historiographischen Thätigkeit gerade an dem Punkte herausgerissen hätte, wo der Berichterstatter der alles was „als Eindruck, Empfindung oder Begierde in jenen Tagen lebte und webte", getreulich wiedergiebt, uns die werthvollsten Aufschlüsse über eine tieferregte Zeit zu geben vermochte.

Als ob ein Unstern über der Ueberlieferung gewaltet hätte, wiederholen sich sprechend ähnliche Verhältnisse in einer ganzen Reihe von Aufzeichnungen.

Die oberrheinische Chronik (ed. Grieshaber. Rastadt 1850.) ist in gleicher Weise wie das Werk Winterthurs bis zum Sommer des Jahres 1349 fortgeführt. Nach brieflichen Nachrichten erzählt die Chronik 1348 von der Pest in fremder

Messana unterrichtet: in Messana urbe Sicilie memorata de LX fratribus Minoribus conventualibus brevi spacio temporis XXX mox mortis furia de medio sublati sunt. Quo viso superstites conventu illo relicto ad loca se alia contulerunt. Wie andere Zeitgenossen, so berichtet auch er von dem bevorstehenden Untergang der Welt: „Predicta, scilicet terre motus et pestilencia, precurrentia mala sunt extreme voraginis et tempestatis secundum verbum Salvatoris" etc. p. 248 heisst es dann weiter, nachdem er vorher von der Thätigkeit Karl IV. seit Ludwigs Tod berichtet hat: „In predicta pestilentia omnes Carmelite et omnes fratres Heremitarum conventuales in Messana civitate Sicilie memorata absumpti sunt." Und schliesslich ist weder von der Pest in Deutschland, noch von der Wahl Günthers von Schwarzburg die geringste Notiz genommen.

Herren Länder: „Do huob an sant Pauls bekerde tag ein gros erpidem. . . Von der zit und in den inselen, der ich enteil hie nenne: in Kartagio, in Persio und umbe Konstantinopel, und och in andern. in dem egenitieten lande do regente biter wasser gemuschet mit gar vil ungewurmes, die do gar vil volkes verdarbtent. und in den noch geneneten landen do regenete es fur als gros als kugeln, und das fur verbrante berge stete burge und lute und steine rehte als wer es holz. von dem fure kam ein roch. swer den roch sach der starp. swer die aber sach die sturbent." (p. 37.) Ein letzter Nachtrag erzählt mit Bezug auf diese Vorgänge von dem Verdacht der Brunnenvergiftung durch die Juden und ihrer grausamen Verfolgung: „sint her zbihit man die Juden, daz sie die buornen vergift hettent. Darvon sin sie in grosser forthe und ist ir och vil tot zu Franken, Swaben und zu Niderlant und allenthalben." (p. 39.) Darauf wird von den Kämpfen bis zu Günthers Tode erzählt und schliesslich noch das Aufkommen der Geissler erwähnt: „In derselben zit war groszer jamer von vergift, und geiselten sich die lute und baten got vor die cristenheit, und unser heilger vatter der Babist gab sinen gewalt allen prister, das si mochten absolveren a peccato et a culpa die da sturben von der vergift." (p. 40.) Die letzten Worte sind im Sommer 1349 niedergeschrieben. Wir erkennen deutlich das Bild der Zeit: Noch ist die Pest nicht am Ort, aber wie der Schatten, den grosse Ereignisse voraus-werfen, liegt ein dunkler Druck auf den Gemüthern. Schon sind die Nachbarländer durchseucht, die Juden in vielen Gegenden vernichtet, und eben sind auch die ersten Geissler-scharen an dem Standort des Schreibers angekommen. Mit diesen knappen gleichzeitigen Notizen ist die Handschrift plötzlich beendet.

Ein schwäbischer Minorit hat das umfangreiche Geschichtswerk seines Ordens, die sogenannten „flores temporum" bis 1349 erweitert.[1]) Wieder finden wir gleichzeitige Auf-

[1]) Ausgabe von Meuschen unter dem Titel „Hermanni Gygantis flores temporum etc. Lugd. Bat. 1750. Ueber den Verfasser: Lorenz, I. p. 52. ff.

zeichnungen über die Pest in fremden Ländern: „et adhuc valide durat in Francia, Normannia, Anglia et Hibernia", über den Judenmord in Deutschland „et adhuc fortiter durat", und endlich über das Erscheinen der Geissler: „de quibus diversi diversa sentiunt, ego vero temere nihil de ipsis dijudico. Papa eos excommunicavit et vitare ubique praecepit." Damit schliesst auch diese Handschrift gleich abrupt, wie das Werk Winterthurs und die oberrheinische Chronik.

Die merkwürdige Aeusserung ist ein charakteristischer Beleg für die Haltung der Minoriten, aus deren Mitte sich so häufig oppositionelle Strömungen gegen das Papstthum zu erkennen geben. Es ist der einzige Chronist, der kein verwerfendes Urtheil über die Geissler gefällt hat. Von seinem Schicksal verlautet nichts. Ob der skeptische Mönch in den Wellen der revolutionären Bewegung seinen Untergang gefunden, ob der schwarze Tod ihn fortgerafft? Wir wissen es nicht, aber wenn wir, wie hier in Schwaben an drei verschiedenen Punkten, den gleichen Vorgang anderwärts wiederkehren sehen, dann werden wir einräumen, dass hier mehr als ein blosses Spiel des Zufalls vorliegt. Bei einer Besprechung der österreichischen Geschichtsquellen (Arch. f. K. österr, G. XLII. p. 511) erwähnt Wattenbach eine Fortsetzung der Neuburger Annalen von 1329—1348, „nach dem abrupten Schluss sind Zeile und Seite nicht ganz gefüllt, so dass es aussieht, als sei die Arbeit abgebrochen und nicht zu Ende geführt". Für Lübeck ist es ausdrücklich bezeugt, dass die historischen Aufzeichnungen 1349 ein gewaltsames Ende gefunden haben. Im Jahre 1385 erhält der Franziskanerlesemeister Detmar den Auftrag, die Stadtgeschichte wieder aufzunehmen „wante de stades coroniken was nicht togheschreven bi sos unde druttich iaren." (Grautoff. Lüb. Chron. I. p. 1.) An der Stelle, wo der Bericht über die Geisselfahrt von 1349 abschliesst, hat Detmar in seinem Manuscript, wie der Herausgeber (p. 275) anmerkt, eine halbe Seite frei gelassen, wohl nur zum Zeichen, dass hier die alte Ueberlieferung abbricht.

Wir ahnen den Aufruhr jener Tage, wenn wir sehen,

wie bis in die sonst still umfriedete Zelle des Mönches die stürmischen Wellen hineinbranden und den Schreiber von seiner liebgewordenen Beschäftigung fortreissen.

Wie ein kurzer furchtbarer Traum war die Bewegung vorüber gegangen, „sicut subito venerunt," sagt Hervord von den Flagellanten, „subito simul disparuerunt ut nocturna fantasmata lemuresque deridendi."

Von den Gedanken, die hier gewaltsam durchgeführt werden sollten, war nur der Judenmord in vollem Umfange zur That geworden. Für die Geschichte der Juden tritt in der That mit der Mitte des vierzehntem Jahrhunderts ein Wendepunkt ein. Zwar kam es in Deutschland nicht wie in Frankreich zu einer allgemeinen Verbannung. Im Osten des Reiches waren sie fast völlig verschont geblieben, und selbst da, wo der Judenbrand am heftigsten gewüthet hatte, wurden sie sehr bald wieder aufgenommen. So finden in Nürnberg schon 1352 neue Judenniederlassungen statt; (Hegel. Stchr. III. p. 333.) freilich unter härteren Bedingungen. Erst jetzt wird die Ghetto-Ordnung streng durchgeführt. Ihre alten Hausstellen sind ihnen rechtskräftig aberkannt und sollen fortan „die juden sitzen, wo die burger dunkt, do ez sich aller best fuegt in der stat und niendert anders." (Stchr. I. p. 112.) Selbst die Wucherfreiheit wird bei ihrer Wiederaufnahme an vielen Orten beschränkt.[1]) „Die bleibende Folge ist", wie Oelsner (l. c.) ausführt: „gewissermaassen ein Compromiss zwischen dem Volkswillen, der durch jene revolutionäre That sich für völlige Beseitigung des jüdischen Elements ausgesprochen hatte und der Staatsgewalt, die es in ihrem Interesse fand, die gewaltsam Verdrängten allmälig wieder zuzulassen." Von dieser Zeit an beginnt erst recht eigentlich die gedrückte Heimathlosig-

---

[1]) So in Cöln; Hegel Stchr. XIV. p. CLXVIII.; in Strassburg ibid. IX. p. 984.

keit des unglücklichen Volkes. Da kann es denn nicht Wunder nehmen, wenn auch die jüdische Wissenschaft nicht mehr die gleiche Pflege als in früheren Zeiten fand, und damit die klassische Periode der jüdischen Literatur des Mittelalters ein plötzliches Ende erreichte. (Güdemann l. c. p. 252.)

Und wie hier unter den Vorgängen, die sich um den Ausbruch des schwarzen Todes gruppiren, eine Wandlung eingetreten ist, so sind auch für die Kirche eine Reihe von Geschehnissen, die als unmittelbare Einwirkungen der Seuchenperiode gelten müssen, zu constatiren, die wesentlich zur Vorbereitung mächtiger Veränderungen beigetragen haben.

Die schmachvolle Sittenlosigkeit des damaligen Clerus darf hier füglich übergangen werden. Auch hier mag im Verlauf der Seuchenperiode sich manches verschlimmert haben, aber der Gegenstand ist zu bekannt und zuletzt übergeht man nur gern eine Darstellung, die in einer Sammlung von Scandalgeschichten gipfelt Von grösserem Interesse ist für uns die Besitzverschiebung die sich in dieser Zeit zu Gunsten der katholischen Kirche vollzogen hat.

Wir müssen, um den Vorgang in seinem Zusammenhang zu verstehen, auf die frühere Entwickelung zurückgreifen, die in ihren charakteristischen Zügen von Hegel trefflich dargestellt ist.

Immer neue geistliche Orden und Klöster hatten sich in den Mauern der Städte festgesetzt, und die unverhältnissmässig vermehrte Anzahl von Immunitäten gab bald Anlass zu Beschwerden. Schon 1276 wird in einem Zusatzartikel des Strassburger Stadtrechts bestimmt; „Man ensol ouch niemerme gestatten, daz dehein closter die noch usse sint iemer har in die stat komene noch hinne gebuwe, und sol man daz alle jar dem nuwen rate in den eyt geben, daz sie daz und die anderen reht die an diesem briefe geschrieben staunt, stete habent auf dem eyt“ (Hegel. Stchr. IX. p. 971).

Geradezu „ein gemeinschädliches Uebel musste der Rath in der Erweiterung des geistlichen Grundbesitzes, der sich den bürgerlichen Lasten entzog“ erkennen, (Heg. Stchr. XIV. p. CII) und unaufhörlich wurde der Unwille der Bürgerschaft durch die Erwerbungen von Bürgergütern auf Grund von Vermächtnissen auf dem Todtenbette oder durch Aufnahme minderjähriger Erben seitens der Klöster erregt. Hierüber war seit 1277 der lange Streit der Stadt Strassburg mit den Dominikanern ausgebrochen. (Stchr. l. c. p. 971. ff.) Es ist bezeichnend. wenn schon am 9. Juli 1283 die Minoriten zu Strassburg, die „in herkömmlichen Streit mit dem Predigerorden mit Rath und Bürgerschaft auf dem besten Fusse standen“, durch Urkunde geloben: „daz wir nieman underwisen süllent noch schaffen underwiset an seinem totbette, daz uns burger oder burgerin zuo Strazburg ir eygen oder ir erbe gebent oder besetzent, also daz die rechten erben da mit verderbet und enterbet sint.“ (l. c. p. 972.) Wiederholt mussten geistliche Orden sich verpflichten, ausserhalb ihres Klosterbezirks gelegene Häuser, Grundstücke und Renten aus solchen, in deren Besitz sie sich befanden, oder welche in Zukunft durch Schenkung oder Vermächtniss an sie fallen würden, in kurzer Frist zu veräussern. (Heg. XIV. p. CLXIII.) Solche Versprechungen wurden in Vertragsform an Richter, Schöffen, Rathmänner und Bürger der Stadt Cöln 1245 von den Minoriten und Augustinern geleistet. (Quellen zur Geschichte der Stadt Cöln IV. No. 280, Lacomblet. Niederrh. U.-B. III. No. 424), 1350 von den Carmelitern. (Quell. z. Gesch. d. St. C. IV. No. 317). Als die Dominikaner sich dessen weigerten, erklärte der Rath in einer ‚Morgensprache‘ vom 11. Mai 1347 den Orden für „unfähig, Häuser, Grundstücke und Rentèn zu besitzen, so wie alle auf den Orden lautenden Scheinseintragungen für null und nichtig, zog auch dessen Gütter mit Zustimmung der Erben der vormaligen Besitzer und unter dem Beifall der versammelten Bürgergemeinde für die Stadt ein.“ (Heg XIV. p. CLXIII.)

Es ist keine sehr freundliche Stimmung gegen die Klostergeistlichkeit, die sich in solchen Documenten ausspricht. Aber Alles scheint wie aus dem Gedächtniss der Lebenden ausgewischt, als die Schrecken des schwarzen Todes ihren Einzug hielten.

Die Kirche verstand es, die Todesangst ihren Zwecken dienstbar zu machen. In alle Welt gingen die päpstlichen Legaten, Schuld und Strafe den Reuigen zu vergeben. Die Neuburger Annalen (S. S. IX. p. 676) berichten von einem solchen päpstlichen Nuntius: „Item quidam cardinalis ab apostolico Wyennam missus, mire reverencie et potestatis habens plenariam potestatem, summo cum honore est susceptus et laudabiliter tractatus. Hic dispensacione casuum et collacione beneficiorum magnam pecuniam est sortitus." Die Darsteller der Papstgeschichte wissen es nicht genug zu rühmen, wie die Menschen sich willig ihrer Güter entäusserten, da sie die Erben vor ihren Augen sterben sahen, und eine Unzahl von Testamenten aus jener Zeit zeigen uns, wie weit frommer Sinn in der Freigebigkeit gegangen ist.

Schon 1343 hatte Clemens VI. den Termin des Jubeljahres[1]), der erst mit Ablauf des Jahrhunderts wiederkam, verkürzt und für 1350 einen allgemeinen Ablass in Rom verkündet. Wohl selten hat Rom solche Menschenmassen gesehen, die in seine heiligen Mauern drängten,[2]) und der

[1]) Das Jubeljahr ist, wie Grotefend (Handb. d. hist. Chronographie. Hannover 1872 p. 23) ausführt: „eine Erfindung des Papstes Bonifaz VIII., um der bedrängten päpstlichen Kasse von Zeit zu Zeit wieder aufzuhelfen. Wie man am Ablauf früherer Jahrhunderte den Untergang der Welt verkündete, um das Volk durch die drohenden Schrecknisse zu Geldopfern und zu Güterabtretungen an die Kirche zu bewegen, so bewilligte Bonifaz VIII. bei Ablauf des dreizehnten Jahrhunderts allen denen, die während des Jahres 1300 die Peterskirche zu Rom 14 Tage besuchten, vollkommenen Ablass. Der Erfolg war ein glänzender, so dass schon 1343 Clemens VI. den ursprünglich 100 jährigen Termin des Jubeljahrs durch Anknüpfung an das alttestamentale Jubeljahr (die grosse Jahreswoche von 7 mal 7 Jahre) auf die Hälfte reducirte und somit für 1350 ein zweites Jubeljahr ansetzte."

[2]) Heinrich von Rebdorf erzählt als Augenzeuge von der Ueberfüllung der Stadt: „ita quod in dominica passionis domini, qua canitur Judica me (März 14.) primo ostensum fuit sudarium domini, sive imago

klingende Erfolg war bedeutender, als jemals in späterer Zeit, zumal die Jubeljahre in der Folge in immer kürzeren Terminen wiederkehrten.[1])

Auch in Deutschland fand die Kirche ihre Rechnung. Die Grundsätze waren klar und einleuchtend: „Habemus etiam plura subsidia, quibus peccata nostra redimamus: pecuniam habes; redime peccatum tuum. Non venalis est Dominus, sed tu ipse venalis es. Pecatis tuis venumdatus es: redime te operis tuis, redime te pecunia tua: vilis pecunia, sed pretiosa est misericordia.“ (Corpus iuris canon. Decr. II. pars, c. XXXIII. Q III „depoenitentia“, Dist. I. No LXXVI.)

Ganz off ı. schalt der Laie auf die entarteten Diener der Kirche, aber der Glaube wurzelte noch zu tief in den Gemüthern, als dass nicht tausende und abertausende in den alten Heilsmitteln Trost und Hoffnung der Seligkeit gesucht hätten. Selbst die unverhüllte Reclame konnte das Vertrauen der Gläubigen nicht erschüttern.

Ein Beispiel der Praxis „in disser not vnde steruinighe“ mag genügen. Im Kloster zu Burlage hatte man zur Zeit der Pest ein Buch angelegt, und etliche reiche Schenkungen darin verzeichnet. Am 8. Sept. 1350 gelobt Propst und

---

delata per Veronicam, et tunc ex nimia pressura in ecclesia sancti Petri me presente multi suffocati sunt“ (Font. IV. p. 562.) Als bei dem übermässigen Andrang die päpstlichen Legaten die ursprüngliche Bestimmung eines vierzehntägigen Aufenthaltes für die fremden Pilger auf die Hälfte reducirten „propter pressuram nimiam populi, et caristiam victualium, et alias causas diversas“ da rebellirten die römischen Einwohner, die ihrerseits von den Erträgen des Fremdenzustromes nichts einbüssen wollten, und mitten in der heiligen Feier wurde über Rom das Interdict verhängt. Ein Compromiss demzufolge „semper post octo dies sudarium prescriptum populo demonstratur“ legte den Conflikt bei. Freilich war damit noch dem Rachegefühl des römischen Volkes nicht Genüge gethan. Der Cardinal Hunibaldus, der den Papst vertrat, entging mit Mühe einem Attentat und als er kurz darauf starb, sprach man von Gift, dass ihm die Römer gegeben. (Rebdorf l. c.)

[1]) Urban VI. hatte 1389 den Termin auf 33 Jahre beschränkt. Ein nachträglich angesetztes Jubeljahr konnte somit schon 1390 gefeiert werden. Um für das Jahr 1400 eine neue Einnahme zu erzielen, griff man wieder auf den 50jährigen Termin zurück. (Grotefend l. c.)

Convent für alle da ghene de vs vnde vsem Clostere to Burlaghe in desser not ire gaue hebbet ghegeuen malk na siner macht, . . sunderlicke de ghene de binamen in dem boke stath, vnde de dat noch irweruen willet, dat si dar in kemen, vnde vs noch gut don willet, de wille wi alle jar twie messen beghan." (Diepholzer Urk. v. Hannov. 1842. p, 35, No. 56)

In welchem Umfange der Grundbesitz und damit der Bereich kirchlicher Immunitäten angewachsen ist, lässt sich ziffernmässig nicht ermitteln. Die enorme Vermögenssteigerung äussert sich am entschiedensten in der glänzenden Bauthätigkeit, die unmittelbar nach dem ersten Auftreten der Pest beginnend, in der zweiten Hälfte des vierzehnten Jahrhunderts entfaltet wird.

Wir bleiben nicht im Zweifel, aus welcher Quelle die reichen Schätze in den Schooss der Kirche geflossen waren Detmar erzählt: „1351 do was en erbare geistlick man. broder emeke, ein gardian to lubeke to sunte katherinen, de, brak in der vastene dat olde kloster to grunde neder, wente dat was to male geworden inromich, das en kunde men nicht bewaren. dar bouwede he bynnen dren iaren en schone kloster wedder van den almissen guder lude, de dar wurden gegheven des iares vore an dem groten dode (l. c. p. 277.) und Reimar Kok ergänzt diese Nachricht (ibid. p. 472) „idt is ock noch Ogenschin, welck ein geweldich Buwent datsulvige Closter is, also dat iedermann bekennen moth, dat idt uth einen vullen Budell gebuwet is." Aus Strassburg knüpft Königshofen an die Nachricht von einem „sterbotte anno 1381" die Bemerkung: „von diesem sterbotte wurdent die Kirchen also rich, dos men die alten Kirchen zuo Strosburg zuo sant Martin, zuo sant Niclawes und zum alten s. Peter abebrach und nuwe witer kirchen dar mahte". (Stchr. IX. p. 772.)

Die herrlichsten Denkmäler gothischer Kunst verdanken wir dieser Zeit. So ist der Aufriss der Kölner Domthürme um 1350 gezeichnet, (Schnaase. l. c. VI. p. 207), 1354 wurde der Grundstein zum Chor des Freiburger Münsters gelegt (ibid. p. 220), und die Geschichte der Baukunst zählt eine ganze Reihe monumentaler Werke auf, die in der zweiten Hälfte des vierzehnten Jahrhundert entweder entstanden, oder doch wesentlich gefördert worden sind.

Die Reaction weltlicherseits konnte nicht ausbleiben. Die Städte beschränken in verschärftem Grade die Erwerbsfähigkeit der Klöster. Am 30. September 1383 wird in Strassburg bezüglich der Schenkungen an Klöster verfügt: dass die letzteren gehalten wären, ihnen vermachte Renten oder liegende Güter um den halben Schätzungspreis an die nächsten Erben des Schenkers zu verkaufen „von der closter wegen, die nit eigen noch erbe haben sullent.‘ (Stchr. IX. p. 972.) Und zu Cöln wird 1385 das Verbot des Grundbesitzes in todter Hand durch einstimmigen Rathsbeschluss auf alle geistlichen Stifter, Spitäler, Pfaffen, Mönche und Nonnen erweitert, (Qu. z. Gesch. d, St. Cöln I. p. 58—61) eine Bestimmung, die zu den Verordnungen über Vermächtnisse und Testamente von 1437 unter dem Titel: „Alte Gesetze unserer Vorfahren, um zu verhüten, dass die weltlichen Erben in geistliche Hände kommen“ im Anhang aufgenommen wurde. (Hegel. Stchr. XIV. p. CLXIII.)

Noch rücksichtsloser war das Vorgehen der Fürsten und Herren in der Schmälerung kirchlichen Gutes zu Gunsten ihrer Tasche. Am 26. September 1366 klagt der Erzbischof Gerlach von Mainz (Gud. Cod. Dipl. III, p. 467. No. 316): ad nostram quod dolentes referimus, pervenit audienciam, quod nonnulli duces, Landgravii, Margravii, Comites, Barones et Domini temporales alii, quam milites, Nobiles et ignobiles, et alique Civitates et alia Loca, habentes vel habentia propria territoria vel iurisdictiones et districtus, vel infeodata, ad tantam tyrannidem et crudelitatem pervenerunt, quod non solum bona Ecclesiarum, . . . ymmo et personas ecclesiasticas, religiosas et seculares, in suis territoriis et districtibus invadi, capi, spoliari, rapi et exactionari oculis conniventibus permittunt; quod tamen in personas Judeorum vel

Paganorum, vel etiam alienorum . . . non premitterent". Man darf daneben nur die Nachrichten, über die wiederholte Extra-Besteuerung des Clerus halten, wie sie z. B. die Herzöge von Oesterreich und Baiern in dieser Zeit übten. (M G. S. S. IX. p. 686, p. 832.)

Und in derselben Zeit war der heilige Stuhl, dessen Ansehen unter dem drückenden Schutz der französischen Könige schon starke Einbusse erlitten hatte, mehr denn je bemüht, in der Ausbeutung kirchlicher Rechte finanzielle Vortheile zu erzielen. Die Geldforderungen des Papstes erreichten eine schwindelnde Höhe. Wir besitzen eine Einigung des Mainzer Clerus vom 29. September 1372 gegen die päpstlichen Erpressungen (Gud. Cod. Dipl. III. No. 331.) aus der wir die Stimmung des Volkes gegen Kirche und Geistlichkeit und selbst die des niederen Clerus gegen den Papst errathen können. Da heisst es unter anderem: „ipsaque sancta sedes et nomen apostolicum, que semper in hac terra reverencie fuerant et honoris, adeo vilipensa diffamantur, quod proinde fides Catolica magna vaccillat in parte . . . et exinde diversa et gravissima animarum pericula et scismata nedum provenire formidantur, sed heu! iam insurgunt et fortiter invalescunt, laicis ipsis clamantibus et despective contra Romanam ecclesiam invehentibus, quod sedes ipsa contra morem veterem Sanctorum patrum ad partes exteras numquam his temporibus mittit predicatores vel viciorum correctores, sed cottidie mittit bene pompizantes et facta sua propria dirigentes pecuniarum peritissimos exactores, Et propter hec et alia, que, ut dolentissime referimus, Laici eidem imperant Sanctissime sedi, paucissimi iam in terris istis inveniuntur, nisi solo nomine Christiani." (l. c. p. 509.)

Solche Worte eröffnen uns einen Blick auf die im Stillen wachsenden Gewalten, die 150 Jahre später das Joch der römischen Kirche siegreich brachen. Wie die Geschichte der französischen Revolution nicht ohne eingehende Beleuchtung der ihr vorangehenden Finanzkrisen geschrieben werden kann, so bleibt auch jene grosse reformatorische Bewegung, mit der die Geschichte der neuen Zeit anhebt, ohne Beachtung der wirthschaftlichen Voraussetzungen schwer verständlich.

Wir haben im Vorhergehenden den chronologischen Verlauf der Seuchenperiode des schwarzen Todes, ihren Zusammenhang mit gleichzeitigen Vorgängen und ihre Einwirkungen auf die geschichtliche Entwicklung betrachtet. Die traditionelle Auffassung erwies sich in wichtigen Punkten als eine Uebernahme des Sagenkreises, von dem der schwarze Tod umwoben worden ist.

Die entstellte Reihe der Thatsachen konnte Hecker, den hochverdienten Begründer der historischen Pathologie, zu Schlussfolgerungen verleiten, die eine ziemlich umfangreiche Verbreitung gefunden haben. Nach seinen Worten sind „die grossen Seuchen grössere Weltbegebenheiten, als irgend andere, die nur aus der Zwietracht, oder der Noth, oder den Leidenschaften der Völker hervorgehen“ (p. 22.). Welthistorische Veränderungen glaubt er in viel grösserem Maassstabe durch ihr Eingreifen herbeigeführt, „als durch den gewöhnlichen Wechsel von Krieg und Frieden, durch das Emporkommen oder den Fall der Reiche, weil die Naturkräfte selbst die Seuchen hervorbringen, und den menschlichen Willen unterjochen, der in den Kämpfen der Völker gewöhnlich allein hervortritt.“

Fassen wir unter diesen Gesichtspunkten die Geschichte des vierzehnten Jahrhunderts in's Auge: Für die politische Geschichte ist der schwarze Tod fast bedeutungslos geblieben. Der enorme Menschenverlust hat auch den mächtigen Aufschwung von Handel und Industrie, die glänzende Entwickelung der deutschen Städte nicht aufhalten können, und was sich von der angeblichen Verwilderung des Menschengeschlechts unter den Schrecken und Freveln der Pestzeit zu erkennen giebt, bewegt sich völlig in dem Charakter der Zeit und tritt in ähnlicher Weise schon vor dem Ausbruch des schwarzen Todes zu Tage.

Nirgend tritt, wenn wir allenfalls von dem Entstehen der Sanitätspolizei absehen, in der Entwickelung der Verhältnisse ein Impuls zu Tage, der nicht schon vorher wirksam gewesen wäre, und kein neuer Gesichtspunkt macht sich in der Gestaltung der Dinge bemerkbar.

Zuletzt ist selbst die schrankenlose Anarchie in der Mitte des vierzehnten Jahrhunderts nicht durch die Pest allein hervorgerufen; eine zielbewusste Agitation verstand es die Bestürzung des Augenblicks zu nutzen, um den Kampf gegen die bestehende Ordnung der Dinge aufzunehmen, und erst damit erreichte die Verwirrung ihren Höhepunkt.

Eine Moralstatistik kannte das vierzehnte Jahrhundert nicht, und so müssen wir allerdings bekennen, dass wir uns bei Beurtheilung der moralischen Zustände incommensurablen Grössen gegenüber sehen. Unsitten und Gebrechen fallen jeder Zeit selbst dem flüchtigen Beobachter in die Augen. Die Sünde tritt immer dreist in den Vordergrund und wird obendrein von den Sittenrichtern laut ausgeschrien, während schlichter Sinn und gute Sitte bescheiden und verborgen thätig ist. Und wenn wir schliesslich die moralischen Zustände aus den geschichtlich gewordenen Bildungen heraus beurtheilen, dann werden wir gesunde Kraft und sittliches Bewusstsein auch dieser wildbewegten Zeit nicht absprechen können.

Tiefgreifende und gelungene Reformen, die sich in den grösseren Städten des Reichs und in den Territorien vollziehen, bekunden den Ausgleich der kämpfenden Interessen. Wie Köln am Ausgang des vierzehnten Jahrhunderts, Strassburg mit Beginn des fünfzehnten seine neue Verfassung erhält, so folgt auf die Epoche wilder Gährung überall eine Zeit ruhiger organisatorischer Thätigkeit.[1]) Es ist ein

[1]) Vergl. Schmoller. Strassburger Tucher- und Weberzunft. p. 407, p. 466 ff. vor allem p. 469.

mächtiger Umschwung, der in den staatsrechtlichen, volkswirthschaftlichen und sozialpolitischen Veränderungen, die das ganze vierzehnte Jahrhundert gezeitigt hat, auf allen Gebieten des deutschen Lebens eintritt, als deren Endergebniss sich einerseits der Wohlstand und das Geistesleben der Reformationszeit von 1450—1550, und andrerseits die Ausbildung der Grundlagen und Formen unseres ganzen öffentlichen Lebens, wie sie sich zum Theil bis 1806 erhalten haben, zu erkennen geben. Jene erstgenannte Periode gilt unbestritten als ein Höhepunkt materieller und geistiger Kultur, und auch die staats- und civilrechtliche Entwickelung hat schöne und gesunde Gestaltungen aufzuweisen, wenn wir es auch beklagen, dass die vorhandenen Kräfte, die neu ansetzenden Bildungen nicht mehr dem Ganzen, sondern lediglich den Einzeltheilen zu Gute kommen.

Fast ein halbes Jahrhundert lang hat die Seuchenperiode des schwarzen Todes in nennenswerthem Umfang ihre Opfer gefordert. Die furchtbare Krankheit mag manchen wackeren Mann vorzeitig zur Ruhe gebettet, mag tausendfaches Elend in die Hütte, wie in den Palast getragen haben, den Fortgang geschichtlicher Entwickelung hat sie nirgend gehemmt. Die dreissig Jahre jenes unseligen Krieges, da auf deutschem Boden jeder fremde Streit ausgetragen wurde, haben unser Vaterland viel schwerer geschädigt, viel nachhaltiger beeinflusst, als die Seuchenperiode des vierzehnten Jahrhunderts.

Die Welt der Geschichte steht wie alles Leben unter den grossen Gesetzen der Natur. Die Bedingungen der Natur sind es, die ihr die Grenzen vorschreiben innerhalb derer sie sich bewegt. Aber innerhalb dieser natürlichen Grenzen wirken bewegend und umgestaltend nur die sittlichen Mächte, und niemals haben die elementaren Gewalten mit blindem Dreinschlagen den Niedergang grosser geschichtlicher Verhältnisse herbeigeführt. Wo der Gedanke, wo die That sich wirksam erweist, da resultiren aus dem Ringen menschlicher Kräfte und Leidenschaften die grossen historischen Veränderungen.

BEILAGEN.

I.

DER AVIGNONER BRIEF

nach dem

Breve chronicon clerici anonymi.

De Smet, réceuil des chroniques de Flandre II. p. 14—18.

(cf. oben p. 4. Anm. 1.)

Eodem anno (M°CCC°XLVII°), in mense septembri, incepit quedam et maxima mortalitas et pestilentia, ut vidi in transcripto literarum cantoris et canonici Sancti Donatiani contineri, qui eo tempore in curia Romana cum cardinali domino suo consistebat, quas literas sociis suis Brugis pro novis et trementibus transmiserat: videlicet quod circa Yndiam majorem in orientalibus partibus in quadam provincia terribilia quedam et tempestates inaudite totam illam provinciam tribus diebus oppressam tenuerunt. Primo quidem die ranas pluit, serpentes, lacertos, scorpiones et multa hujus generis venenatorum animalium; secundo vero die audita sunt tonitrua, et ceciderunt fulgura et choruscationes mixte cum grandinibus mire magnitudinis super terram, que occiderunt quasi omnes homines, a majori usque ad minimum; tertio die descendit ignis fetido fumo de celo, qui totum residuum hominum et animalium consumpsit, et omnes civitates et castra illarum partium combussit. Ex quibus tempestatibus tota illa provincia est infecta, et conjecturatur quod ex infectione illa, per fetidum flatum venti ex parte plage meridionalis venientis, totum litus maris et omnes vicine terre infecte sunt, et semper de die in diem plus inficiuntur, et iam venit circa partes marinas, voluntate Dei, per hunc modum, ut quidam suspicantur. Nam anno Domini M°CCC°XLVIII°, pridie januarii mensis, applicuerunt tres galee ad portum Januensem venientes, impetu vehementi de partibus orientalibus, horribiliter infecte, diversis speciebus et ceteris rebus ponderis onuste: que cum (p. 15) note essent Januensibus, et ceteros homines subito sine remedio inficientes, expulso sunt de portu illo cum ignitis sagittis et diversis ingeniis, quia nemo eos tangere audebat, nec mercationem aliquam cum eis tractare poterat, qui non immediate moreretur. Et sic disperse in portum de portu, tandem una ex tribus galeis predictis pervenit Marsiliam, cuius adventum, simili modo infecti homines non precaventes sibi infecti sunt et subito sunt mortui: facto igitur expulsa dicta galea per Marsilienses, reliqui quidam ceteris duabus inventis per mare errantibus, simul conjuncte ad Oceanum tendunt versus Hyspaniam, ut dicitur, et per consequens ad ceteras partes inferioris, si potuerint, pervenient, ut mercationes suas expediant. He autem galee tantam infectionem reliquerunt per totum iter suum, maxime in Ytalia, specialiter tamen in Tuscia, et subsequenter in Marsilia, et sic per consequens per totam inguam occitaniam, quod longum apud homines et terribile nedum credere, sed etiam enarrare est.

Et est morbus infectionis triplex, ut dicitur primo quod homines paciuntur in pulmone, a quo procedit anhelitus, quem qui corruptum habet, vel quantumcunque modicum contaminatum, nullo modo evadere potest, nec vivere ultra duos dies; est enim facta anatomia per medicos in multis civitatibus Ytatie, et eciam in Avinione, ex jussu et precepto pape, ut sciretur origo morbi hujus, et sunt aperta et inscisa multa corpora mortuorum, et compertum est quod omnes, qui sic subito moriuntur, pulmonem habent infectum et spuunt sanguinem. Et hoc sequitur unum, quod quidem omnium terribilium est periculosius, videlicet quod morbus ille contagiosus est, quia, ubi unus infectus moritur, omnes qui eum vident in sua infirmitate, vel visitant, vel aliquo modo aliqua secum tractant, vel ad sepulturam portant, subito eum secuntur, sine remedio aliquo.

Est enim alius morbus, ad presens cum predicto concurrens: scilicet quod quedam apostemata subito nascuntur sub utroque brachio, propter que homines sine mora suffocantur. Est enim tertius morbus, similiter cum predictis duobus concurrens, sed ille habet ad presens suum cursum: videlicet quod homines utriusque sexus pascuntur in inguine, propter quod (p. 16) subito moriuntur. Quamobrem invalescente morbo predicto devenit in tantum, quod, pre timore hujus contagii, nec medicus visitat infirmum, si tamen ei daretur quicquid infirmus in hac vita possideret, nec pater visitat filium nec mater filiam, nec frater fratrem, nec filius patrem, nec amicus amicum, nec notus notum, nec quicunque quemcunque alteri conjunctus sit sanguine, nisi subito secum velit mori, vel incontinenti velit sequi. Et ideo innumerabilis multitudo hominum mortua est carnali affectione devota, ac eciam pietate et caritate mota, que si non visitasset ad tempus, forte evasisset.

Est igitur, ut breviter dicam, medietas in Avinione hominum mortua vel amplius: sunt enim clause infra portas Avinionensas plus quam VII millia domorum, quas nullus inhabitat, in quibus omnes homines mortui sunt; le suburbio quasi nihil remansit. Est enim per papam emptus quidam campus prope Nostram Dominam de Miraculis, qui quidem pro cymiterio consecratus, in quo a XIII° die mensis marcii XI millia corpora mortuorum sunt sepulta, preter cymiterium Antonii, et religiosorum, et multa alia que sunt in Avinione. Nec de vicinis partibus est tacendum, nam in Marsilia porte civitatis omnes, exceptis duabus portellis sunt clause, quia in ea de partibus quinque partes quatuor mortue sunt hominum. Nec juvit fugere, quia fugiendo ad aërem salubriorem, ut credebant, citius moriebantur.

Idem dico vobis de omnibus civitatibus et castris Provincie, et jam transvolavit Rodanum, et consumpsit multas civitates et castra usque Tolosam, et semper dilatando procedit. Est ergo propter tantam mortalitatem tantus timor mortis, quod homines non audent cum illo, cujus consangiuineus mortuus est vel consanguinea, loqui, quia hoc frequenter videtur, quod in genere in quo unus mortuus est omnes quasi consanguinei eum secuntur. Et ex hoc fama est inter vulgares, nec servitur jam infirmis per consanguineos, nisi sicut canibus; mittitur eis cibus ad comedendum et bibendum juxta lectum eorum, et postea fugiendo recedunt et domum exeunt. Quando enim mortui sunt, veniunt quidam agrestes homines et rudes, de montibus Provincie, et pauperes et nudi, durissime complexionis, quos *gavotos* vovant, qui quidem, accepto prius satis magno munere, dictos mortuos ad sepeliendum (p. 17) portant; nec consanguinei sive amici in aliquo se eis intromittunt, nec presbyteri confessiones infir morum audiunt, nec sacramenta eis dantur, sed quilibet in sua sanitate de se et suis ordinat. Accidit enim cottidie quod dives moriens cum paucis luminaribus ab hiis ribaldis ad tumulum portatur, nec est qui eum sequitur, exceptis hiis; uno veniente mortuo, per plateam omnes fugiunt et intrant domos suas. Nec sunt predicti miseri *gavoti* ita agrestes, quin etiam post modicum tempus moriantur, unde tam hujus contagio infectiquam etiam penuria oppressi, omnes illi quasi de paniota pauperes, qui talia obsequia dicioribus impendere consueverunt mortui sunt.

Dico autem in brevi quod in paniota solebant dari cotidie communibus temporibus LXIIII salmate bladi, et fiunt quingenti panes de una salmate; nunc non datur nisi una, et interdum dimidia.

Et, ut dicunt, in universo in tribus mensibus, videlicet a XXV° die Januarii mensis usque in hunc diem, sunt sepulta in Avinione LXII millia corpora mortuorum; papa vero circa medium mensis marcii, nuper preteriti, matura super hoc deliberatione habita, omnes confessos et contritos, quos huius occasione contigebat mori, usque ad festum Pasche absolvit plenissime, quantum claves ecclesie se extendunt.

Statuit illis etiam diebus certis vicibus in ebdomada quasdam devotas processiones cum letaniis, ad quas interdum de tota vicina patria concurrerunt hominum, ut dicunt, duo millia, inter quos utriusque sexus, multi nudis pedibus, alii cum ciliciis, alii dispersi cineribus, cum luctibus et fletibus incedentes et capillos trahentes, cum acerrimis flagellis usque effusionem sanguinis se percutiebant: quibusdam ex illis processionibus papa personaliter interfuit, sed tunc fiebant infra ambitum palacii sui. Quis finis vel quod principium, Deus scit; quidam tamen timent quod pro morte Andree regis, qui ita trucidatus fuit, Deus his malis mundum flagellat.

Quidam etiam homines miseri inventi sunt cum quibusdam pulveribus, et, sive juste sive injuste Deus scit, accusati super crimen quod aquas intoxicassent, nam homines timentes aquas de puteis non bibunt: unde multi (p. 18) combusti sunt et cottidie comburuntur; imponitur enim eis quod ad hoc conducti sunt.

Pisces etiam marinos non comedunt communiter, dicentes eos infectos esse ratione infecti aëris; preterea etiam nullo modo species comedunt nec tangunt, nisi sint servate ab uno anno, quia timent ne venerint noviter in predictis galeis: nam pluribus vicibus experti sunt quod comedentes hujusmodi novas species, et etiam quosdam pisces marinos, pessime subito successit.

Hec vobis scribo, karissimi, ut sciatis in quibus periculis nos nunc existimus. Et si vos preservare velitis, melior doctrina est quod homo temperate bibat et comedat, et caveat a frigore, et nullum excessum committat, et super omne est quod parum conversetur inter homines, hoc tempore precipue, nisi cum paucis et bonos hanelitus habentes; sed infra domum manere optimum est, donec epydemia hec transeat. Verum etiam est, quod secundum viam astrologie decem annis debet complere cursum suum, de quibus iam tres anni preterierunt, propter quod timetur ne finaliter totum circumeat mundum, sed tardius perveniet hec epydemia ad regiones frigidas, ut dicunt.

Sciatis autem quod papa immediate recedit de Avinione, ut dicitur et vadit ad castellum quod vocatur Stella, prope Valenciam super Rodanum, ad duas leucas, illic mansurus donec tempus mutetur; sed curia vult manere in Avinione; vacationes indicte sunt usque festum Michaëlis. Omnes auditores, advocati, procuratores vel recesserunt, vel mortui sunt, vel immediate recedere proponunt; in manibus Dei sum et me sibi commendo, dominus meus sequetur papam, ut dicunt, et ego secum, quia sunt quedam castra versus montem ventosum, ubi mortalitas ad huc non pervenit, et est illic optimum esse, ut fertur. Eligere et facere quod melius est, det omnibus nobis omnipotens et misericors Dominus, amen.

Datum Avinione, die Dominica, XXVII° die mensis aprilis, anno M° CCC°XLVIII°.

II.

WITTERUNGSVERHÄLTNISSE, NATURERSCHEINUNGEN UND VOLKS-KRANKHEITEN

IN DEN JAHREN 1330 – 1370

Zusammengestellt

aus den österreichischen Geschichtsquellen.

Die österreichischen Geschichtsquellen für den hier behandelten Zeitraum sind im Zusammenhang von Wattenbach edirt, (Annales Austriae, Mon. Germ. S. S. IX. p. 479—843.) ich citire daher nur mit Angabe der Seitenzahl. Die Deutsche Klosterneuburger Ckronik hat Zeibig im Archiv für Kunde österreichischer Geschichtsquellen Bd. VII. zum Abdruck gebracht, und sind die herangezogenen Stellen mit „Arch." und der entsprechenden Seitenzahl bezeichnet.

Die ausführlichen Berichte über das erste Auftreten des schwarzen Todes sind bereits oben (p. 15) erwähnt und daher in dieser Zusammenstellung übergangen.

1330. 4° et 5° idus Februarii terre motus[1]) hora nona. Cont. Lambac. p. 561.

[1]) Im Zusammenhang mit dieser Erderschütterung steht möglicherweise die Notiz der Klosterneuburger Chronik, dass 1330 „der Klosterbrunn aus dem Wolfsgraben" für einige Wochen versiegt sei. Arch. p. 231.

1332. hiems valida. Cont. Novim. p. 670.

1335. pestilentia[1]) hominum facta est magna. Ann. Mats. p. 829.

1338. locuste sevientes generalem in omibus finibus fecerunt in agris et pascuis consumptionem, precipue in districtu nostro et ultra Danubium sevierunt tempore messis, [circa assumptionem S. Marie virginis (Aug. 25.) Kal. Zwetl. p. 691] sed fructus vinearum non leserunt .... et tamen post istam sevam plagam non fuit secuta caristia. Contin. Nov. p. 671. — cf. Ann. Melic. p. 512.[2])

1339. nonis Julii circa horam vesperarum facta fuit eclipis solis universalis. nec non locuste fortiori numero quam transacto anno iterum tempore messis districtum nostrum invaserunt, damnumque permaximum intulerunt. hyemps fuit prolixa et asperrima. Cont. Nov. p. 672.

1340. post nativitatem Christi (Dec. 25, Jahresanfang) fuit tantus calor et serenitas, sicut solet evenire circa solstitium Joh. Baptiste (Juni 24.), sed in Kathedra Petri (Febr. 22) tanta acerbitas frigoris sequebatur, quod tam homines quam iumenta pene deficerent, et hec inclementia quinque septimanis duravit, deinde inundatio aquarum secuta est et villas cum vineis destruxit. locuste[3]) vero usque ad alpes iam tertio nostris temporibus advenerant, sed in die sancti Laurentii (Aug. 10) propter pluviam imminentem recesserunt. So der Codex episcop., der Cod. Novim.

---

[1]) cf. oben p. 70, Anm. 1. Auch im verliegenden Falle mag es sich um eine Volkskrankheit handeln, die mit der Pest nichts zu thun hat.

[2]) Das Calend. Zwetl., welches ebenso wie die annal. Zwetl. neben zuverlässigen gleichzeitigen Aufzeichnungen vielfach unmotivirte spätere Zusätze enthält (cf. unten z. J. 1356. Anm. 1.) schildert etwas übertrieben „locuste magne et grosse fere ad instar passerum" (p. 691).

[3]) Die kleine Klosterneuburger Chronik meldet „die ersten haberschreckhen" (avenam devorantes) zum Jahre 1340 (Arch. p. 232). Die Datirung erscheint zweifelhaft, zumal unmittelbar darauf die Judenverfolgung von 1338 in das Jahr 1341 gesetzt wird. Alle übrigen Quellen mit Ausnahme der Notizen aus dem steirischen Kloster Neuberg erwähnen nur zum Jahre 1338 eine Heuschreckenplage.

schliesst: sed pluvialis aura superveniens ipsas penitus extinxit; fuitque fertilis annus et utilis, et post festum Lucie (Dec. 13) hymps primo inchoabatur. (Cont. Novim p. 672.)

1341. hyemps fuit tranquilla usque ad Aprilem, tunc supervenit tanta asperitas et importunitas frigoris, ut omnes desperarent et durabat usque ad Maium; der Cod. Nov. ergänzt den Bericht: deinde in vigilia beati Johannis baptiste (Juni 23) grando cuncta viridia in agris, insuper et arbores in finibus nostris destruxit et contrivit. Cont. Nov p. 672.

1342. in toto universo in quatuor elementis diversis temporibus fuit confusio et disturbium [unum quod que elementum valde importune desevit in hoc seculo. Cod Novim. ibid.] per ignem vero multe civitates et predia ad nihilum sunt redacte; per ventum importunum arbores et segetes et edificia dissipata sunt; per inundationem aquarum diversa stipendia provenerunt. terremotus in pluribus locibus emergebatur. Cont. Nov. p. 672.

1343. magna fuit caristia ubique, ut metreta tritici pro media libra venderetur; frumenti pro quartuor solidis. Cont. Nov. p. 673 — [metreta tritici venumdaretur pro 3½ solidis et siliginis pro 3 solidis. Cod. Novim. ibid.] fames acta est, ita ut mensura siliginis videlicet metrete, por 60 denariis venumdaretur, mensure Maticensis, mensura vero arene pro 40. Ann. Mats. p. 829.

1344. de eclipsatione solis nec non et aliorum terribilium in mundo eventorum fuit delusa et frustrata (prophecia), quia die qua, ut asserebant, illa miracula deberent secundum relationem eorum illuscere, nihil omnino apparuit. Cont. Nov. p. 673.

1345. was ain warmer windter, es runn die thonaw nie mit eyss, es wardt auch darnach ain warmer milter sumer, es wais ain guet mitter jar. Arch. p. 233.

1347. tota aestas ita frigida fuit et pluviosa, ut omnes fructus terre tardius provenirent et colligerentur quam aliquis poterat recordari, et per consequens omnes fructus immaturi. fuitque annus iste similis anno secundo post jubileum[1]) in quo eciam tunc talia vina acria et tardi fructus et immaturi provenerunt. Ann. Zwetl. p. 684. — avena circa festum s. Cholomanni (Oct. 13) totaliter non fuit collecta propter nivium habandanciam, nam sequenti die post festum Michahelis (Sept. 30) incepit nix cadere per sex dies, et congelacio et pruine, propter que vinee immature cum festinacione colligebantur; et ex ista plaga Dei hominum corda pavefacta fere in desperationem sunt inducta. Cal. Zwetl. p. 692. — in dem lesen da wardt ariger wein, der von langer zeit nit so pitter was worden und man nendt in den spiess, da verdarb maniger guoter man an leyb und guet. Arch. p. 23 Cont. Novim. p. 673.

1348. nach weynachten geschah ain grosser erdpidem in carnten in ainer stadt, hayst villach, die zerfiel über all, die ringmauer leit noch heut des tags im graben. es geschah an pauli bekherung (Jan. 25) und was ain schoner tag, es zerfielen sich auch 10 gueter vesten, sich zerriss ein perg von einander und fiel in ein tieffen see[2]), es ertrencht der see wol 7 dörffer. es geschah zu mittag, die weil das volkh zu der predigt sass in einer gewelbten khirchen, das volk verdarb alles, der prediger kham davon, lebet aber nur bis an 3 tag und starb, und verdarben gar vill khaufleut. hie in osterreich hueben sich die buessleut an und gaisleten sich bitterlich hin und her im landt, es stund gar kläglich, sich verkhert die sun vorhin und geschen vill zaichen. Arch. p. 233.

---

[1]) cf. Cont. Zwetl. III. ad annum 1302. Mon. S. S. IX. p. 660.

[2]) Bergrutsch in den Ossiacher See. cf. Ann. Frisacens. Cont., Mon. Germ. S. S. XXIV. p. 67, mit späteren Zusätzen; — ebenso: Cal. Zwetl. p. 692. — Die Ann. Zwetl. p. 684 schreiben: in Carinthia, Styria, Corniola usque ad mare plus quam 40 firmissima castra et civitates subvertit et mirum im modum montem magnum super alium montem proiecit et ibi aquam fluentem obstruxit que etiam plures villas submersit!

in die conversionis beati Pauli universalis terremotus hora vesperarum emersit, sed in aliquibus locis vehementior ac crudelior, quemadmodum in Villaco evidentius est ostensum. nam cum in ecclesia causa devotionis homines ibidem convenissent eadem hora uno impetu mota est terra structurisque corruentibus simul interierunt, et muros civitatis et firma edificia illa concussio subvertit. homines vero absque numero, qui non poterant celeriter a ruina fugere eodem mumento sunt extincti; firmas eciam adiacentes munitones et villas precipitanter absorbuit. item eodem anno infinita disturbia in diversis regionibus apparuerunt, quemadmodum principaliter orta fuit seva pestilentia ultra in partibus orientalibus, et per diversos effectus imanissime omnes ibidem interficiebat, ex maligna impressione superiorum causa efficiente .. demum pestilencia serpendo pervenit ad Karinthiam demum Styriam vehementer occupavit . . . ob hanc grandem et generalem vastacionem peccora errabant in campis absque pastoribus, quia nemo presumebat se intromittere propter vite conservacionem, et lupi rapaces volentes ea invadere primo intuitu perterriti repente contra morem in vacuum fugierunt. res eciam mobiles et immobiles, quas infirmi testabantur, tamquam si infecte fuissent, ab omnibus caucius vitabantur. mortalitas vero circa novilunium semper efficaciter seviebat. deinde circa fesum bati Martini declinavit ad terminos Novi Montis pestilentia. Cont. Novim. p. 674, 675.

1349. in die purificationis beate Virginis factus est terre motus magnus hora nona Ann. Zwetl. p. 692 — cf. Contin. Claustron. p. 735; Contin Zwetl. p. 684; Contin. Mellic. p. 513.) — iems nebulosa, ver optimus et floridus Kal. Zwetl. p. 692. — das jar hueb sich senfflich an, es schiekhet sich woll zu weingartten und das getraydt, sich verkert die sun und der mon verloren ir farb, es geschachen woll 12 schauer und erschlugen wein und traydt. Arch. p. 233. — innundatio aquarum permaxima ubique exorta dampnum intulit copiosum .. optima vina ubique provenerunt. Contin. Novim. p. 676.

1350. da war ain gnadenreich jar[1]) zu leyb und der sell, es wart vill traydt und zeidtlich wein, do man in lesen sollt, do kham ein gefrier und erfror woll halber, dannoch wardt guetter mitter wein. umb weihnachten zochen die leut gen rom, und do sy herwider khamben, do fundten sie vill phenning, dan die weyber hetten wein hingeben. Arch. p. 233.

1352—53. ain khalter winder. Arch· p. 233.

1353. circa festum s. Pangracii (Mai 12) qui in die penthecostes evenerat, nix valida et glacies ultra modum, et tamen segetes in nullo offendit preter fructus arborum qui omnes perierunt. Cont. Zwetl. p. 686. — Cal. Zwetl. p. 693.

1354. was ain grundt khalter winder und hueb sich an umb s. simontag (Oct. 28) und weret unz gegen der vasten, darnach wittert es aller welt woll den ganzen sumer, es wardt edel guet getraidt, und vill manen gaben 1 mudh habern umb 5. s. d. es ward auch der pest suessest wein, der lang nie gewesen was, sein wardt auch ohn massen vill, das bey den pressen alle ässig übergiengen. man gab 1 fueder p. fl., auff das höchst umb 5 fl. nuer ain burger was hie zu newburg, der liess liegen 10 fueter und 4 dreiling die waren siesser und digger wein, behielts also bis an das dritt jar, da gab er ain fueder über 40 fl. und 1 dreiling über 30 fl. Arch. 233. — cf. Cont. Zwetl. p. 686; Cal. Zwetl. p. 693.

1356.[2]) was ein trueckhner winter an schne und regen und gestiess auch die thonav nie, es was auch ain warme

[1]) annus iubilaeus cf. oben p. 127 Anm. 1.

[2]) Oesterreichische Quellen melden auch das Erdbeben von Basel, so die Ann. Mats (p. 830). Die Contin. Zwetl. (p. 686) knüpft daran die Neuigkeit: „et antichristus in Babylonia natus fuise dicitur.“ Eine Zusammenstellung aller Quellennotizen über das Erdbeben vom 18. October 1356 in Basel im 14. Jahrhundert (Basel 1856 z. Erinnerung an die Zerstörung der Stadt vor 500 Jahren) giebt drastische Belege für die von Geschlecht zu Geschlecht anwachsende sagenhafte Ueberlieferung.

fasten, das man alle sachen darumb verpracht, und hie zu ostern (April 24) in den feyertagen fiel ain grosser schnee, noch was der weinholz nit erfroren, zechandt zergieng der schnee und wardt warmb, dass der weinholz vast her trieb hin zu pfingsten, da jadt man die die hoffstädt, am pfingstag morgen (Juni 12) viel ain schnee uber das weinholtz, es war darnach ain mitl. jar. Arch. p. 234.

1357. vinum bonum sed modicum provenit Cont. Zwetl. p. 687.

1359. khäm der ander sterb, es hatten die Leut des ersten sterb vergessen und gottes, und waren gar zu geillig geworden. Arch. p. 234. — cf. Contin. Zwetl. p. 688 inundationes pluviarum per totam estatem erupuerunt (ibid.)

1360. multe silve proprio igne accense per multa miliaria exuste sunt . . . eodem anno ariditas terre nimia; metreta siliginis pro 40, avene pro 20. itern in nocte s. Lucie, (Dec. 13) media nocte in plenilunio celum ab oriente usque in aquilonem apparuit igneum quasi ignis rubens et quatuor yrides ignei sibi iuncti flectebantur contra meridiem et postea pautatim disparuerunt; yems tota gelida absque nive nuda terra apparuit; avena cara et rara Cont. Zwetl p. 688.

1361. apparuit cometes stella circa annunciacionem dominicam (März 25) et apparuit paucis diebus. messis copiosa ubertas omnium fructuum. item tonitrua et fulgura sepius evenerunt. ignis acrius eccidit de celo et combussit decem boves in Herlico iuxta Zwetel. (Contin. Zwetl. p. 688.)

Das Cal. Zwetl. (p. 694) erzählt die Zerstörung von 70 Burgen und berichtet weiter, in Wienna circa festum s. Katerine (Nov. 25) tonitrua et fulgura et nebula densissma et terremotus etc." Das Gewitter mag zu der angegebenen Zeit stattgefunden haben, das Erdbeben ist ohne Frage willkürlich aus der fremden Ueberlieferung hereingezogen.

1366. iterum venerunt locuste in Austriam, talis multitudo quod omnia frumenta devoraverunt. Cont. Claustroneob. p. 736.

1368. in die sanctorum Cosme et Damiani (Sept. 27) qui tunc fuit in quarta feria cecidit nix, ita quod videntes satis fuerunt admirati quod ite mane cecidisset. Kal. Zwetl. p. 694.

1369. tunc iterum sevivit pestilentia glancium satis ferocissima. ut opinatur singulis annis evenit a magna pestilencia que incepit anno domini 1349. Ann. Mats. p. 349.

1370. iterum facta est pestilentia magna inter homines. Cont. Claustron. p. 736.[1])

---

[1]) Für die folgenden Jahre fehlen Notizen über Witterungsverhältnisse und Naturerscheinungen in den immer dürftiger werdenden Quellen fast gänzlich. Die Seuchenperiode ist keineswegs abgeschlossen. 1380 bricht von neuem im Salzburgischen Gebiete eine Epidemie aus. (Contin. mon. s. Petri p. 839) 1381 ist ganz Oesterreich in Mitleidenschaft gezogen. Der rasche Verlauf der Krankheit macht einen erneuten Ausbruch der Beulenpest wahrscheinlich: facta est mortalitas hominum in tota terra Austrie, ita quod in civitate Zwetlensi una die aliquando funera 14, aliquando 23, aliquando 20, qui tantum ad 3 vel 4 dies in infirmitate positi sunt. Cont. Zwetl. p. 695.

III.

DAS GUTACHTEN DER PARISER FACULTÄT.

October 1348.

Im Auftrage des Königs Philipp VI. von Frankreich verfasste die medicinische Facultät der Universität Paris im Herbst 1348 ein Gutachten über die herannahende Pest.

Dieses interessante Document ist zuerst durch Muratori, der es als Anhang der Istorie Pistolesi in einer italienischen Uebersetzung mittheilte, bekannt geworden. (S. S. rer. Ital. XI. p. 527.) Es ist betitelt: „Questo è quello, che fue trovato per li Medici di Parigi, e tutto il loro Collegio a riparo della mortalità", und beginnt: „Noi, cioè, lo Collegio de' Medici di Parigi, con maturo, e disputato consiglio alla presente materia di mortalità, e ruina di vita con li testimonj de' nostri antichi savj in medicina, dichiarando lo cagione di questa pestilenza più apertamente, che si potrà secondo le regole, e le conclusioni della Astrologia, e della scienza naturale". Der Inhalt ist unbeschadet des zuversichtlichen Vorwortes lediglich eine Sammlung von Gemeinplätzen niedrigster Gattung und abenteuerlicher Rathschläge, wie sie die Kurpfuscher des Mittelalters durchweg zur Hand haben.

Wenn hier wirklich ein authentisches Document der ersten wissenschaftlichen Schule der Zeit vorläge, so würde das, wie Hecker schreibt, „weder der Pariser Facultät, noch überhaupt dem vierzehnten Jahrhundert zur Ehre gereichen.“ Er theilt diese Rathschläge nach dem Wortlaut von Muratori in extenso mit (p. 76—68) und schliesst daran das Urtheil: „Die berühmte Facultät befand sich in der peinlichen Lage, auf Verordnung weise zu sein, und einen Kernschuss von Gelehrsamkeit nach einem Feinde zu thun, der sich in düstre Nebel hüllte, von dessen Natur sie keine Ahnung hatte. Sie liess sich daher verleiten, ihre Unwissenheit mit absprechenden Behauptungen zu verdecken, und indem sie der Welt in ihrem Glanze erscheinen wollte, zeigte sie sich den Verständigen in kläglicher Schwäche.“

Seitdem hat Michon das Schriftstück nach einer pariser Abschrift des XVII. Jahrhunderts edirt. (Documents inédits sur la grande peste de 1348. Paris 1860. p. 48—70.)

Allerdings war die späte Copie, die Michon zu Gebote stand, nicht in allen Punkten correct; es fehlte obendrein mehr als ein Drittel des Textes. Aber auch die Möglichkeit, dass gerade der von Muratori mitgetheilte Passus diese Lücke ausfüllen könnte, hatte wenig Wahrscheinlichkeit So äusserte denn der Herausgeber: „Il est à craindre que cette célèbre consultation ne se soit peu à peu altérée en parcourant l'Europe. Quelques médecins étrangers à la Faculté ont peut-être ajouté leurs idées et leurs recettes, pour le plus grand bien des malades, mais au grand regret de ceux qui cherchent dans cette consultation, non pas un spécifique contre la peste, mais un monument historique d'une grande école.“ (p. 9.)

Auf freundliche Mittheilung des Herrn Professor Schum in Halle habe ich zwei Erfurter Codices eingesehen, die in zwei Abschriften des vierzehnten Jahrhunderts das Gutachten der Pariser Fakultät vollständig enthalten.

Eine Vergleichung des Textes mit dem von Muratori mitgetheilten Wortlaut bestätigte die Vermuthung Michons durchaus. Einige Diätvorschriften stammen offenbar aus der Pariser Denkschrift, das Original aber kann unmöglich dem Uebersetzer vorgelegen haben. Vielleicht, dass er einen

Auszug aus demselben aus dritter oder vierter Hand kannte, aus dem dann das völlig werthlose Machwerk hervorging.

Das Gutachten der Pariser Fakultät steht durchaus auf der Höhe der damaligen Wissenschaft, und es ist ein Irrthum, wenn Hirsch meint, dass das von Michon veröffentlichte Document, „nur wortreicher und umfänglicher denselben abenteuerlichen Charakter, wie die von Hecker so scharf verurtheilten Rathschläge bei Muratori tragen.“ (l. c. p. 78. Anm. 2.) Wenn wir heute manche Vorurtheile jener Zeit belächeln, so ist das ganze Schriftstück keineswegs ein geschicktes Verstecken crasser Ignoranz. Es äussert sich früher und in gleichem Sinne, wie Guy de Chauliac und Chalin de Vinario, welche letztere als verständige Beurtheiler gerühmt werden.

Der Text Michons enthält sowohl einige Lücken, als auch eine Reihe sinnentstellender Fehler[1]), die wohl sämmtlich von dem Abschreiber des siebzehnten Jahrhunderts verschuldet sind. Ich theile daher die wichtigsten Abschnitte des Gutachtens nach Cod. Ampl. 194. Fol. (Bl. 65—67) der Königlichen Bibliothek zu Erfurt mit. Es ist das der ganze erste Theil; der zweite beschäftigt sich mit dem Heilverfahren, und sind die diesbezüglichen Rathschläge, sowie die zahlreichen Recepte aus anderen Schriften dieser Zeit hinlänglich bekannt.

Die dem Abdruck zu Grunde gelegte Handschrift auf Pergament ist sauber und sehr correct geschrieben. Cod. Ampl. 193 auf Papier, enthält auf fol. 86—90[1] mit ganz

[1]) manifestum für materia (p. 50); in genere für in contrarium (d. 52); corpore für tempore; specie für spiritus (p. 54); hyemis für veris (p. 55); pluere für pulverem; voluimus für nolumus; occidentalis für orientalis (p. 56); langores für languidos; de solo für de solio; promittere für pretermittere (p. 58) etc. — Der „allerchristlichste König“ (p. 50) ist unzweifelhaft auch eine Verbesserung des Abschreibers. Die beiden Erfurter Handschriften haben statt des später üblichen Epithetons „christianissimus“ nur „donimus serenissmus.“

unwesentlichen Variationen ein Duplikat. Doch fehlen die letzten Sätze.

Cod. 194 schliesst mit den Worten: „Explicit tractatus de epydimia siue compendium per magistros de collegio facultatis medicorum parisiensis ordinatum." von späterer Hand ist hinzugefügt: „anno domini 1349, 6. die octobris". Die von Michon benutzte Abschrift datirt: anno 1348 mense octobris." Die berechtigten Zweifel an der Datirung löste schliesslich eine Stelle des Textes: „mars . . . a 6. die octobris anni 47.mi usque ad finem maii anni presentis fuit in leone vna cum capite draconis." Eine Berechnung,[1]) der sich Herr Dr. Becker mit dankenswerther Liebenswürdigkeit unterzogen, ergab, dass „annus presens" unzweifelhaft 1348 ist, und zeigt zugleich, wie verhältnissmässig genau die astronomischen Beobachtungen jener Zeit waren.

Visis effectibus quorum causa latet etiam ingeniosissimos intellectus mens humana in admirationem deducitur, et cum ei insit apprehensionis boni verique innata cupido, nam omnia bonum appetunt et scire desiderant, ut patet per philosophum euidenter. denique post huiusmodi admirationem anima prudens tam ordinato appetitui non recistens sed de sua perfectione sollicita effectuum mirabilium causas reperire totis conatibus elaborat. sic enim plures modernos sapientes astrologos ac medicos circa causas epydimie ab anno domini 1345° currentis audiuimus hoc fecisse. verum, quia ex eorum decriatione adhuc quam plurima dubitationis materia insurgebat, idcirco nos omnes et singuli magistri de collegio facultatis medicorum parysiensis ad mandatum illustrissimi principis et domini nostri serenissimi domini philippi francorum regis incitati, utilitati etiam publice intendere cupientes, causas presentis epydimie vniuersalis et remotas particulares et propinquas nec non et salubria remedia, quantum ipsius rei natura humano intellectui se subicit, clarissimorum philosophorum antiquorum dictis et etiam modernorum sapientium, tam astronorum quam medicornm certioribus sententiis innitentes deo nobis ministrante

---

[1]) Mars trat demnach in Uebereinstimmung mit dem obigen Text im October 1347 in das Zeichen des Löwen (120°—150°) es war seine geocentrische Länge:

1347 Oct. 6.		121°
1348 Febr. 6.		129°
1348 Jun. 6.	bereits	155°

proposuimus sub breui compendio declarare. et si non omnia vt vellemus elucidare possumus, cum de eis certa ratio et omnino perfecta cognitio inveniri non possit, ut innuit plinius libro suo II, cap. 39, sic dicens: „tempestatumque quasdam fortuitas incertas esse causas, aut adhuc rationis incomperte materia est,“ nihilominus tamen ad deficientium supplementum per hec que dicentur viam habere potuerit quilibet sedulus perscrutator. huiusmodi autem compendii duas summas ponemus, in quarum prima de causis huius pestilentie vnde opprueniunt inquiremus, sine quarum prima notitia nullus poterit ipsam artificialiter medicari. in secunda remedia preseruatiua et aliqua curatiua subiungemus. *prime summe erunt tria capitula:*

Nam ista epydimia a duplici prouenit causa, quarum vna est remota que superior est et celestis, alia vero propinqua que inferior est et terrestis a prima dependens causaliter et effectiue. primum igitur capitulum erit de causa prima, secundum erit de causa secunda, tertium erit de pro gnosticatione et signis quod erit annexum vtrisque. *summe secunde erunt duo tractatus:* primus erit de remediis preseruationis et curacionis per medicinalia. *tractatus primi erunt quatuor capitula.* capitulum primum erit de electione aeris et ipsius rectificatione. secundum de exercitio et balneo. tertium de cibis et potibus. quartum de sompno et vigilia, inanitione et repletione et accidentibus anime. *tractatus vero secundi erunt tria capitula:* capitulem primum erit de remediis vniuersalibus. capitulum secundum de remediis particularibus et appropriatis. capitulum tertium erit de antidotis.

Capitulum primum summe prime de causa vniuersali et remota.

Dicamus igitur quod remota et primeua causa istius pestilentie fuit et est aliqua constellatio celestis. anno domini 1345° fuit maxima coniunctio trium superiorum planetarum videlicet 20ª die mensis martii in aquario prima hora post merediem. que quidem coniunctio cum aliquibus coniunctionibus et eclypsibus prioribus corruptionis pernecabilis ipsius aeris nos circumdantis causa existens, mortalitatem et famem nec non alia multa signat, de quibus quia ad nostrum non spectat propositum nunc taceamus. quod autem ita sit, testatur philosophus aristoteles in libro suo ‚de causis proprietatum elementorum‘ circa medium dicens: quod mortalitates gentium et regna vacua fiunt apud coniunctionem stellarum duarum, scilicet saturni et iouis, propter permutationem ipsorum enim de triplicitate ad triplicitatem accidunt accidentia magna. et hoc est inuentum apud antiquos philosophos. et albertus in libro suo ‚de causis proprietatum elementorum,‘ tractatu 2°, cap. 1° dicit: quod coniunctio duarum stellarum scilicet martis et iouis inducunt magnam pestilentiam in aere et potissime quando in

---

In denselben Zeichen befand sich zu jener Zeit der aufsteigende Knoten der Mondbahn (caput draconis), dessen Länge für 1347, Oct. 6. 140°, für 1348, Juni 6. 127° betrug.

signo calido et humido sicut tunc fuit coniunguntur. nam iupiter calidus et humidus a terra vapores malos eleuauit. mars vero cum sit intemperate calidus et siccus vapores eleuatos igniuit, idcirco per aerem multa fuerunt fulgura sintillationes pestiferi vapores et ignes. presertim quia mars planeta maliuolus coleram generans atque gverras a sexta die octobris anni 47mi vsque in finem maii anni presentis fuit in leone vna cum capite draconis que omnia quia sunt calida multos vapores attraxerunt, et ob hoc hyemps non fuit frigida ut deberet. mars etiam quia fuit retrogradus, plures ab aqua et terra vapores attraxit qui aeri commixti ipsius substantiam corruperunt. et etiam quia iouem aspectu malo scilicet quarto aspexit ideo dispositionem malam, seu qualitatem in ipso aere nature nostre inimicam et repugnantem causaverunt. exinde et generati sunt venti validi quia secundum albertum, primo ‚methearorum' iupiter habet a proprietate sua eleuare materiam ventorum fortium qui ut plurimum meridionales existentes caliditatem et humiditatem superfluas in istis inferioribus induxerunt. humiditas tamen in nostra regione superauit. et hec de causa remota siue vniversali sufficiant quo ad presens.

Capitulum secundum summe prime de causa particvlari et propinqua.

Quamuis pestilentiales egritudines fieri possunt a corruptione aque et ciborum, sicut accidit tempore famis et sterilitatis, ab aeris tamen corruptione egritudines huiusmodi procedentes periculosiores esse censemus. aer enim malus nocibilior est cibis et potibus eo quod velociter penetret ad cor et pulmonem cum sui malitia. credimus autem presentem epydimiam siue pestem ab aere corrupto in sui substantia et non solum qualitatibus alteratis prouenire. quod sic intelligi volumus: aer enim simplex et clarus natura existens non putrescit nec corrumpitur nisi propter aliquid quod ei de vaporibus malis permiscetur. quia multi vapores corrupti a tempore predictarum coniunctionum a terra et aqua ipsorum uirtute fuerunt eleuati, et in ipso aere sparsi multiplicati que in ipso aere ex frequenti flatu ventorum meridionalium grossorum et turbidorum propter extraneos uapores quos secum deferunt vel detulerunt ipsum aerem in sui substantia corruperunt. qui quidem aer sic corruptus necessario penetrans ad cor cum flatu attractus corrumpit substantiam spiritus qui est in eo et putrefacit quod circumdat ipsum de humiditate, unde causatur caliditas egressa a natura corrumpens principia vite, et hec est causa immediata epydimie nunc currentis. insuper isti ventia pud nos in tantum multiplicati potuerunt vel possent forsitan in futurum suo impetu vapores malos putridos et venenosos aliunde ad nos perducere vel transduxisse, ut puta a paludibus lacubus profundis vallibus nec non a mortuis corporibus non sepultis nec combustis quod pernecabilius esset; et sic causa epydimie fore posset. et fortasse huismodi corruptio potuit et poterit evenire vna cum causis aliis propter putredines in interioribus terre coarcatas que quandoque motum terre inducunt et de facto nuper induxerunt. et sic nocere faciunt et fecerunt aerem et aquam putrefaciendo. quarum omnium constellationes dredicte cause vniuersales et remote fuisse potuerunt.

Capitulum tertium de pronoscatione et signis.

Mutationes temporum maxime generant morbos. antiqui enim concordati sunt et maxime ypocrates quod si in quatuor temporibus anni era corrumpatur vt tempora suam consistentiam non seruauerunt in illo anno generantur pestilentie et mortales passiones. quia igitur per experientiam didicimus quod iamdudum tempora temporaliter se non reddiderunt: fuit namque hyems preterita minus frigida quam deberet et pluuiosa multum, ver ventosum et in fine pluuiosum, estas etiam longe minus calida quam deberet et maxima humida, in diebus suis et horis multum inequalis, et aer sepe perturbatus postmodum clarificatus, apparitio future pluuie absque hoc quod plueret, autumpnus etiam multum pluuiosus et nebulosus; vnde totus iste annus apud nos aut plurima eius tempora sunt et fuerunt calida et humida, ideo aer est pestilentialis. aer enim calidus et humidus non est in temporibus anni sed in temporibus pestilentie. quare pestilenciam hic futuram que tum est ex radice inferiori maxime quia obedit male impressione celesti possumus vniuersaliter formidare. presertim quia predicta coniunctio fuit in signo occidentali. idcirco si fûtura hyems fuerit pluuiosa multum et minus debito frigida epydimiam circa finem hyemis vt in tempore veris timemus futuram. que si fuerit longa erit et periculosa quando enim mutatio est in vno tempore minus durare consueuit quando vero mutatio est in multis temporibus prout fuit sicut lucide patuit, longior et periculosior rationabiliter esse debet, nisi tamen in contrarium futuri temporis qualitates permutentur. vnde si hyems esset borealis uel frigida et sicca, forsitan possent huiusmodi pestilentie retardari. quia non diximus futuram pestilentiam fore valde periculosam, nolumus intelligere quod sit adeo periculosa sicut in partibus meredionalibus vel orientalibus. coniunctiones enim et alie causa predicte partes istas plus quam nostras respexerunt. ista tamen cum indiciis astrologorum secundum dictum ptolemei inter necessarium et possibile sunt reponenda amplius quia uise fuerunt exalationes et inflammationes quam plurime, veluti draco et sydera volantia. color eciam celi yctericius et aer subrubens propter fumos adustos fequentius solito apparuit. fulgura etiam et choruscationis incense multe et frequentes, tonitrua et venti adeo impetuosi et validi ut puluerem multum terreum commouerent a partibus meridionalibus venientes, qui omnibus aliis deteriores existunt cito putrefactionis corpora magis disponentes, presertim terre motus fortes et multitudo piscium bestialium et aliorum mortuorum in litore maris, nec non in pluribus partibus arbores puluere cooperte. quidam et vidisse se fatentur ranarum et reptilium multitudinem que ex putrefactione generantur; que omnia magnam in aere et terra putrefactionem precedere videntur. hec autem omnia multi sapientes quorum digna existit memoria certis experientiis inquirentes predixerunt. nimirum igitur si epydimiam venire futuris temporibus timeamus. sed hic est aduertendum quod per hec que diximus non volumus excludere egritudines que secundum presentis anni constitutionem iuxta sententiam aphorismorum ypocratis sunt venture. annus enim multorum vaporum et plurime humiditatis est multorum morborum. rursus quia maxima particula generationis egritudinum est passiui corporis preparatio vnde nulla causa est apta agere sine patientis aptitudine. diligenter et aduertendum quod licet propter necessitatem inspirationis omnes incidant periculum aeris corrupti aliquando hic, non tamen omnes de aeris corruptione infirmantur, sed plures, scilicet qui ad hoc fuerint preparati. qui vero infirmantur non euadunt nisi paucissimi. corpora autem magis preparate ad huiusmodi pestifere impressionis receptionem sunt corpora calida et humida eo quod putrefactioni sunt magis apta. corpora etiam malis humoribus plena et opilata quorum superfluitates non consumuntur nec expelluntur ut oportet, malo etiam regimine viuentia, exercitio coituque superfluis ac balneo, et rari ac debiles ac multum timentes. infantes quoque ac mulieres et iuuenes et grossa corpora habentes et colorem rubeum vel coleram rubeam plus aliis sunt custodiendi. sicca autem corpora habentes et a superfluitatibus munda, vtentes bono ac conuenienti regimine, tardius a pestilentia leduntur. amplius pretermittere nolumus quod epidimia aliquando a divina uoluntate procedit, in quo casu non est aliud consilium nisi quod ad ipsum humiliter recurratur, medicos tamen non deserendo. altissimus enim creavit medicinam de terra unde sanat solus languidos deus qui de fragilitatis solio produxit in largitate sua medicinam. benedictus deus gloriosus et excelsus qui auxiliari non desinens claram curandi doctrinam eum timentibus explicauit. et hec de tertio capitulo et tota prima summa sufficiant.

IV.

CHALIN DE VINARIO.

Sowohl Hecker als Haeser bezeichnen die Schrift Chalins de Vinario als eines der werthvollsten Denkmäler des vierzehnten Jahrhunders.[1] Beide citiren anstandslos nach dem von Dalechamp im Jahre 1552 besorgten Abdruck[2]) und Hecker betont ausdrücklich, dass in demselben „nur die Sprache gebessert und nichts weiter hinzugefügt sei als eine Vorrede in Gestalt zweier Briefe."

Die elegante Latinität, sowie vielfach eingeflochtene geistreiche Wendungen liessen einen Zweifel an der Ungetrübtheit der Quelle berechtigt erscheinen.[3] Nun erklärt Dalechamp selbst in seiner Vorrede: „non tantum oratio mutanda fuit, ut pro inculta illa et horrida aliquanto splendidior ac nitidior in vulgus prodiret, sed et reponenda, vel potius diviuanda multa, quae in exemplari vetusto et carioso vix legebantur; ad nostrum dicendi usum accomodanda multa,

---

[1]) Hecker, Volkskrankheiten p. 32, Anm. 2; Haeser p. 95 ff.

[2]) De peste libri tres. Opera Jacobi Dalechampii in lucem editi Lugduni 1552. 16°·

[3]) Tametsi vero philosophi putant nil in terris accidere quod coeli ac sydernm vi non fuerit excitatum: id tamen non tam anxie medicus aestimat (p. 12). Diese Gegenüberstellung zweier Weltanschauungen erweist sich auf den ersten Blick als ein späterer Zusatz zu dem Werke des strenggläubigen Avignoner Arztes.

que pro Arabum consuetudine inaudita nobis ille usurpaverat; evoluendae quaestiones, quas ut in scholis didicerat, arduas et obscuras, impediebat verius quam expediebat; quae a me perfecta sunt omnia non sine magna difficultate longoque taedio."

Dieses Bekenntiss, sowie der Umstand, dass Dalechamp auf dem Titel seiner Publication nicht einmal den Namen Chalins genannt hat, erschütterte das Vertrauen zu dem Abdruck so weit, dass eine Vergleichung mit dem ursprünglichen Texte dringend geboten schien.

Eine dankenswerthe Notiz von Hirsch (p. 32 Anm. 2) bemerkt, dass die Allerheiligen-Bibliothek des Marienstiftes zu Danzig [Vol. 200, Folio] ein Manuscript von Chalins Werk besitzt. Durch gütige Vermittlung des dortigen Bibliothekars, Archidiacon Bertling ist mir die Handschrift zugegangen. Der genannte Codex, folio auf Papier, enthält eine Sammlung medicinischer Schriften; ein pergamentenes Vorsatzblatt giebt das Inhaltsverzeichniss. An vierter Stelle findet sich ein Tractat „de pestilencia". Der Autor ist nicht genannt. Nur so viel geht aus dem Inhalt hervor, dass das Buch Ausgang des Jahres 1382 von einem Avignoner Arzt verfasst ist, der die verschiedenen Epidemien seit 1348 mit erlebt hat.[1]) Gleichwohl lässt sich mit Bestimmtheit behaupten, dass in dem Tractat eine wörtliche Abschrift von Chalins Werk vorliegt.

Die Vergleichung dieses Textes mit der Ausgabe Dalechamps ergab, das erwartete Resultat, dass nämlich in dem Druck des sechzehnten Jahrhunderts vielmehr ein Elaborat des Herausgebers, denn eine ungetrübte Quelle des vierzehnten Jahrhunderts vorlag. Obgleich Dalechamp sich streng an die Disposition Chalins gehalten, hat er doch durch

---

[1]) ideo omnium epidimiarum causas nostri temporis deducam (p. 161.) anno domini lapso 1381; nunc de anno presenti 1382 p. 162. Zu wiederholten malen nennt der Autor Avignon als den Standort seiner Beobachtungen.

die sehr freie Bearbeitung des Textes und durch eine Reihe selbstständiger Zusätze, den Character des Originals so vollständig verändert, dass man nothgedrungen auf das Original zurückgreifen muss, um ein Bild der Dinge im Sinne Chalins zu gewinnen.

Im Folgenden ist daher das erste Buch von Chalins Schrift, welches gewissermassen eine zusammenhängende Darstellung der Seuchenperiode giebt, nach dem Danziger Codex mitgetheilt. Das zweite und dritte Buch behandelt sehr ausführlich die Heilmittel gegen die Pest und bietet ein geringeres Interesse.

Die ganze Handschrift umfasst 48 Blätter. Die Hand weist auf die Mitte des fünfzehnten Jahrhunderts hin. Dem Abschreiber kann man allzu grosse Gewissenhaftigkeit nicht nachrühmen, wie vielfache Schreibfehler, Verstümmelungen und häufige Verstösse gegen die Grammatik beweisen. Obendrein ist die Abschrift, wie gewöhnlich in dieser Zeit, voll der willkürlichsten Abbreviaturen, so dass nicht jedes Wort sicher entziffert werden konnte.

Verstümmelte oder muthmasslich lückenhafte Stellen des Textes sind mit einem Stern * gekennzeichnet, Punkte . . . stehen an Stelle unleserlicher Worte, und alle Zusätze sind in eckigen Klammern [] eingeschlossen.

Deum posco auxiliatorem ad quem cuncta respirant et a quo misericordie omnes procedunt, vna cum Mesue[1]) libro secundo ‚de medicinis solutiuis‘ in principio. postquam itaque uidi dicta antiquorum super morbis epidimicis tranctancium, aspexi eciam diversos tractatus doctorum modernorum tam vltra montanorum quam citra montanorum, Parisiensium Avinionensium. ex dictis eorum utiliora et flores carpens et eciam plurima

[1]) „Auxiliatorem igitur petamus deum ad quem cuncta respirant et a quo misericordie omnes prodeunt.“ lib. II. de simplicibus. Joh. Mesne opera. ed Costaeus. Venetiis 1581 p. 27. —

alia utilia et necessaria addens et declamaciones diversas apponens, volui de morbis pestiferis in curis et preseruancia eorum aliquid fructiferum scribere pro bono singulorum[1]) et utilitate communi ac de eorum causis. intellectus lumine perstructum * plus quam medici locuti fuerunt, cum apud potenciam nichil sit difficile et cuncta sint subtilia in uia rationis, ut in ‚epistolis ad Alexandrum'. verum ut de fonte hauriam, non de riuo, illum invoco primum, apud quem est fons uite, ut in lumine videam lumen proprium. itaque posco auxiliatorem, quatenus mihi mittat auxilium de sancto et de Syon tueatur me. auxilium inquam de sancto quo nature humane pestifere afflicte auxiliari valeam, ipsam preseruando et curando a talibus morbis. et ut de Syon tueatur me vera scribendo et falsa refutando. ad honorem ergo dei excelsi qui est eternus et unus hoc unum opusculum in tres partes diuido. in prima parte causas talium morborum epidimicorum dicam ponendo eciam modo quo tales cause agunt inferius epidimiam et pestem et signa ponam et aliqua indicia inde feram. in secunda parte regimen preseruacionum talium morborum secundum debitum ordinem in sex rebus non naturalibus et in antidotis medicinalibus subiungendo deducam. in tercia parte regimen curacionum illorum inferendo adducam.

In prima parte erunt quatuor capitula. in primo ponuntur cause. in secundo modi accionis causarum. in tercio signa. in quarto indicia et notabilia.

Cap. I. Primum de causis morborum pestilentialium antiqui si quidem medici. in causis talium morborum diminute et superficialiter transierunt quod utique fieri potuerit, vel quia rarius et tardius nobis illos uiderunt vel quia causas eorum vel modos accionis causarum ignoraverunt. quia morbus est incognitus suis non cognitis causis uel modis accionis eorum. morbus vero incognitus a medico nón curatur. ideo antiqui morbos pestiferos non plene curauerunt, quia causas eorum vel modos[2]) [accionis] eorum ignoraverunt[3]) in genere et sub quadam confusione generali. pestilencie itaque causa dicitur esse duplex. nam vel est causa radix superior tantum et hoc est superior et celestis. vel est causa radix inferior tantum, et hec es inferior et terrestris. vel est causa tercia, dum utraque radix concurrit simul, causa superior et celestis et inferior et terrestris. et dico notanter tantum ad indicium sensibile medici loquendo, non ad indicium intellectuale phisice loquendo. si est prima radix tunc tantum dicitur vera *epidimia* ab „epy" quod est „super" et „dimia", pestis que uiolenter occidit. si est causa radix inferior tantum tunc proprie dicitur *pestilencia*, quia „pestis lenta." quia ita est uel per oppositum vel quia multociens *lente* affligit ad sensum pacientis et medici. quamuis nomen *pestilencie* sit nomen generis ad *epidimiam* et ad *pestilenciam*. si est tercia causa scilicet utraque radix

[1]) Hs. singularum. — [2]) Hs. morbos. — [3]) Hs. cognoverunt aus ignoraverunt verbessert.

concurrens in simul, tunc compluriter dicitur *pes ilencia* vel *pastulencia*, quia membra humana sola putredine „depascit"; vel quia „patula" pestis uel „patens" quia tunc omnibus „patet". et tunc epidimia pestilencialis debet nominari. prime radicis prima causa universalis et naturalis secundum philosophiam est coniunccio superiorum planetarum. secunda causa prime radicis est apparicio secundarum stellarum ut cometarum et ignitarum consistencium· secunde radicis inferioris causa prima est alteracio diuersa eciam in disposicione elementorum et elementatorum[1]) ex illis compositorum. et illa est causa primitiva et incorporea secundum medicum. secunda causa secunde radicis est indisposicio humorum in homine multorum excessive in quantitate vel malorum in qualitatibus suis uel utroque modo. et illa dicitur esse causa antecedens talium morborum uel coniuncta dum actualiter tales morbos causat immediate secundum medicos. nec displiceat si hoc aliquantulum procedo verbis[2]) quia materia requirit que terminate fuit discussa hactenus. nec eciam sub brevi tractatu tanta materia debet discuti prout de ipsa aliqui et multi brevissimos tractatus fecerunt. ex hoc eciam spero me postea profecturum. verum ut totalem materiam epidimiarum comprehendam, ideo omnium epidimiarum causas nostri temporis deducam. prime igitur et magne mortalitatis nostri temporis causa fuit coniunccio trium planetarum ut saturni iovis et martis quorum coniunccionem[3]) maior precesserat anno domini 1345 de mense marcii in 14. gradu aquarii. que coniunccio significauit res admirabiles fortes et terribiles ut mutaciones regnorum aduentus prophetarum et mortalitatum multarum et magnarum. et quia talis coniunccio fuit in signo fixo et humano, ideo diu duratiua in humana natura talia indicavit. a qua coniunccione tam magna ymmo fere de maioribus omnes alie mortalitates postea subsecute traxerunt originem et euentum que postea diuersis temporibus et in diuersis mundi partibus mortifere gentes sagittauerunt. nam primo post talem coniunccionem subsecuta fuit magna mortalitas de anno domini 1348 pontificatus domini Clementis anno VI.° ex qua[4]) eciam magna coniunccione et mortalitate inde secuta tam male qualitates impresse in aere remanserunt et in elementis et elementatis, ut de facili et levibus causis alie mortalitates redeant in suppositis debilioribus quam prius essent per primas prius ad hec habilitatis coadiuvantibus ad hoc aliis malis coniunccionibus mediocribus et minoribus et eclipsibus et cometarum apparicionibus diuersis postmodo uisis et subsecutis. talis namque mala impressio facta in aere et elementis et aliis elementatis est tanquam quedam species incorporea, ut[5]) sensibus in memoratiua derelicta que quamuis multociens interrupta sompno aut aliis accidentibus humanis non semper deducatur in actum, per intellectum tamen agentem cum reminiscitiua iterum deducitur in suum actum; sic

[1]) Hs. elemendatorum. — [2]) Hs. verba. — [3]) Hs. coniunccio. — [4]) Hs. quo. — [5]) Hs. et.

eciam species illa mala celestis aeri impressa et aliis elementis, interrupta multociens uel frigoribus uel pluuiis vel aliis influenciis bonis non ducitur in actum; remota tamen a primis causis sepe ducitur in suum actum. et propter hoc tales mortalitates diu sunt duratiue vsque tam bona impressio fiat in aere et aliis elementis et elementatis per aliam magnam coniunccionem futuram.* deinde subsecuta est alia secunda mortalitas anno domini 1361[1]) tempore Innocencii sexti anno 8.º ex virtute prime coniunccionis maxime et impressione mala in aere et ex perseuerancia malarum fortunarum in malis locis ut saturni in signo virginis quod est signum humanum et septentrionale in quo signo non habet dignitatem, et martis in signo geminorum, quod est signum humanum et occidentale, in quo eciam signo dignitate priuatur. in predictis eciam signis fuit quadratura martis et saturni que non fuit prius ab annis 30; que tamen est valde mala et corporum inimica. ex qua eciam mortalitate secunda impressio mala alia remansit in aere prime addens uel continuans ipsam. deinde tercio ab anno domini 1373 de tempore domini Gregorii XI anno 3º de mense nouembri superuenit alia mortalitas que impressionem malam per priores effectam continuauit ex virtute[2]) prime coniunccionis magne et ex coniunccione minori mala iouis et martis in signo tauri de mense marcii de anno domini 1372.[3]) vltimo vero et quarto subsecuta est mortalitas nunc de anno presenti 1382 et de tempore domini Clementis septimi anno 4.º que primo incepit in Auinione notabiliter de mense augusti tam vniuersalis et que tantum inualuit ut vniuersaliter in vno anno afflixisse videatur orientales partes occidentales et septentrionales ac per plura climata mundi suam pestem mortiferam exercuit. simul nam fuit eodem anno et adhuc est in Syria Grecia Ytalia Almania Anglia Scocia Francia Hyspania et Nauerna,[4]) quamuis plus in vna regione quam in alia et in vno loco quam in alio secundum exigenciam agencium et disposicionem passorum. cuius signa magna et tunc precesserunt. et ideo non est mirandum si magnus subsequatur effectus. et primo coniunccio mala iouis et martis in leone cum ascendente eiusdem signi secundo gradu de anno precedenti 1381 de mense ianuarii 15. die, hora 6. ad idem secundarum stellarum apparicio et primo unius magni[5]) comete qui apparuit anno domini lapso 1381 de mense nouembri fere per totum mensem qui longissimus[6]) videbatur secundum estimacionem sensibilem 20 canarum et ultra quam porticam quidam astrologi . . . dicunt significare magnos euentus terrores bella et mortalitates. apparebat namque in oriente ante ortum solis per duas horas fere et sub directo libre in capite draconis. qui quia propter longitutidinem suam caudam uidebatur sub uirgine extendere et caput sub scorpione, quamuis in sua figura nec caput nec caudam videretur habere sed equalem grossiciem et latitudinem que sub

[1]) Hs. 1363, cf. oben p. 72, Dalech p. 14; Chauliac. l. c. p. 176. — [2]) Hs. pirtute. — [3]) Hs. 1375. — [4]) Navarra. (?) — [5]) Hs. magne u. que, bei beiden Worten ist das e halb fortradirt. — [6]) Hs. que longissima.

uirgine coniungebatur cum marte. et fuit in uia combusta[1]) libre et scorpionis et sub signis trium triplicitatum protensus tres partes mundi aspiciebat, scilicet occidentalem meridionalem et septentrionalem. erat eciam protensus dictus cometes sub quadam differencia trium angulorum celi qui quantos et quales et quam horribiles euentus pronuncciet hoc libello non pertinet dicere nisi solum de mortalitate. et qui voluerit alia significata querere legat Albumazar de ‚planetarum coniunccionibus' ‚libro ultimo et Ptolemeum in ‚quadripartito' et in suo ‚centiloquio', proposicione vltima et videat Hali in commento illius. nunc eciam de anno presenti 1382[2]) et de mensibus augusti et septembris uise fuerunt plurime et diuerse ignite assistencie in diuersis noctibus ut draco volans longissimus et sidera distemperancia multa et . . . voragines et colores punicei et rubei in celo et in aere et que sunt diuerse existencie et varie nominate secundum diuersitatem figurarum suarum quantitatum et colorum, ut in primo metearorum tractatu 2., cap. 6. secundum computacionem modernorum uisus est eciam nunc de mensibus augusti et septembris vnus alius cometes in occidente post occasum solis per duas horas fere et plus parum sub directo scorpionis et post progressive processit in libram et in prolongando suam caudam cottidie processit et illam versus orientem septentrionalem duxit. qui visus est per duos dies et ultra, postmodo disparuit. et vocatus est ab astrologis „dominus astrorum" ex coniunccioni mercurii et iouis que mortem significat et generaliter in artificibus mechanicis et quod hominibus occurrunt dolores testiculorum et uesice et costarum. et quod in mulieribus erunt abortus[3]) et partus horribiles et illa potissime in partibus quas respicit sua cauda et in partibus que respiciunt signa sub quibus apparuit, que sunt occidentales et septentrionales. apparuit eciam sub uia combusta in qua sunt stelle fixe de natura martis et ideo humorum calidorum subtilium ut sangwinis ... calefaccionem primo deinde ebulicionem et ultimo adustionem eorum significat. ad quem sequitur primo ipsorum alteracio secundo eorum putrefaccio et infeccio et demum venenositas. et in hoc eciam conveniunt cum alio comete priori. et indixit hoc tota disposicio anni huius quia cum paucis et raris pluuiis in quo tempore generata fuit in hominibus maxima colera et per consequens adustia eius. et ideo mortifere omnes qui sunt et fuerunt et qui futuri sunt, fuerunt coleriti et erunt omnino melancolici simul uel separatim uel pro maiori parte. indixit illud Ypocrates. . . . non causatur ergo mortalitas epidimialis in hominibus nisi a radice superiori. sed radix est duplex quia uel est omnium causarum primaria et omnes alie cause sunt secundarie in ordine ad illam, et ille est deus benedictus a quo omnia procedunt: plus namque influit prima causa in causatum quam secundaria. ut dicitur in primo proposicione de causis. nec mouet secunda causa nisi per primam causam mota. omne namque quod mouetur ab alio mouetur secundo phisicorum. et ipse est per quem omnia facta sunt et sine ipso factum est

[1]) Hs. combuste. — [2]) Hs. 1381. — [3]) Hs. aborsus.

nihil, Joh. I. vnde Avenzoar sapiens in suo ‚theyzir' cap. ultimo dicit: aut mortalitas venit propter voluntatem dei et[1]) sine mediacione causarum naturalium ymmo per angelos, ut factum fuit in primogenitis egiptorum et propter peccatum in populo ebreorum, aut operatur illam cum mediacione causarum naturalium ut stellarum. quam causam medici vocant primam radicem. et ista radix est coniunccio planetarum et superiorum stellarum, et illam primam causam inducens virtualiter et potencionaliter. et post et primo apparicio secundarum stellarum cometarum et ignitarum consistenciarum illam ostendens, et causant actualiter et secundario. hoc attestatur Aristoteles in libro suo ‚de causis propietatum elementorum' [qui] circa medium dicit: mortalitas gencium et regna vacua fiunt apud coniunccionem duarum stellarum scilicet saturni et iouis. quod est verum secundum Messahali, si saturnus fuerit potencior iove, scilicet[2]) si est e converso, grauis effectus euenit. iupiter namque est planeta uite . . . . ad idem Messahali in suo tractatu astrologie ‚cap. 12. ‚de maioribus coniunccionibus' et Albertus in libro suo ‚de causis proprietatum elementorum' tractatu 2. cap. 1., qui dicit quod coniunccio duarum stellarum scilicet martis et iouis inducit magnam pestilenciam in aere et potissime quando fit in signo calido et humido, sicut tunc quando in prima magna coniunccione fuerunt coniuncti. ad idem Albumazar in ‚de magnis coniunccionibus' tractatu sexto ‚differencia undecima. de apparicione vero secundarum stellarum et ignitarum consistenciarum patet in locis supra allegatis et per principem Avicenna 4. can. tract. 4; ‚de febre pestilenciali'. sed venit sepe mortalitas et pestilencia a radice inferiori. et talis mortalitas vel est regionalis uel in vno regno uel prouincia uel climate, uel est localis ut in vna uilla vel in vna domo. in vna regione causatur ab immundis paludibus et aquis stantibus et immundis corrumpentibus aerem ut in Sardinia[3]) et in insula Dolonge (?) et in multis insulis et in locis marinis, prouenit eciam ex fetore cadauerum quandoque multorum et inhumatorum. et dicit Avicenna quod quando est talis pestilencia causa ventorum deferencium fumos malos ad locum bonum. et prouenit ex multiplicacione ventorum austrinorum et pluvie per totum annum fere. et maxime tempore caliditatis ut fuit in uilla Tertori (?) tempore Ypocratis ‚ut legitur tercio ‚epidimiarum' et primo ‚de complexionibus' per Galenum. vel est in una uilla et prouenire potest ex diuersis fetoribus proiectorum diuersorum immundorum in correriis et ex lutis fetidis et immundis[4]) ut in Auinione et Parisiis. et ex malis odoribus olerum putridorum, quales sunt caules et eruca et arbores uiscose ut nuces et ficus putride, ut wult Auicenna I. can. fen. 2., doctr. 2., cap. ‚de bone aere'; et ex fetoribus lini putredi in aqua vel canapi et coriorum et pellium infusorum in aqua ut in viterbia vel in aliis locis vel in vna domo particulari. et tunc prouenit ex fetore latrinarum vicinarum illi

[1]) Hs. aut. — [2]) Hs. sed. — [3]) Hs. Sardina. — [4]) Hs. mundis.

domui vel ex fetore cadaueris mortui ibidem et putrefacti[1], vel ex cimiterio mortuorum vicino domui, ut dicit Auenzoar, vel ex potu malarum aquarum in quibus animalia nociua putruerunt. et ex tali radice inferiori Auinione sepe febres pestifere omni tempore generantur, que ignoto a medico male curantur, vel ex contagiositate alicuius infecti in illa domo ut uisum est in Auinione. nec in hec concurrit radix superior que dicta est ut conuinccio planetarum superiorum, quamuis aspectus singularum stellarum concurrere possit. ab utraque vero radice concurrunt simul[2]) quando ambo concurrunt, ut quando in locis paludosis et fetidis grossi et mali aeris venit mortalitas communis ex conniunccione superiorum planetarum et eciam per sequelam quem habent ad inuicem, quia non diu manet superior sine inferiori, prout nec effectus sine causa sua, ut patebit infra. et de tali mortalitate ex utraque radice procedente et eciam de procedente ab inferiori tantum locuti sunt doctores sollempnes medicine ut dicam, et signa illarum posuerunt et remedia, sed de epidimia vera a prima radice procedente tantum superficialiter transierunt. et de causis et de modo sue accionis et de cura licet aliqua signa posuerit Avicenna, et causa quare sic diminute locuti sunt est vel quia causas illius ignorauerunt, vt dixi, vel modum accionis causarum quem dicam. de quibus non curauerunt, cum non fuerunt magni astrologi . . . quia igitur morbus est incognitus medico cuius causas ignorat, ut wult Galenus in ‚passionario‘ suo, propter hoc non curauit curas ponere nisi diminute, vel eciam ideo, quia ad hoc, quamuis de causis talium morborum medici aliqui habuerunt noticiam confusam, non tamen fuit uisum illis quod esset necessaria prescise causarum primarum noticia ex quo ab effectu apparente colligitur sua causa esse uel fuisse. sed cum hoc, quia modum quo tales cause agunt [ignoraverunt], ideo nec curam scire prescise potuerunt. magis tamen subtilia rimanti[3]) possibile est curam invenire deo benedicto auxiliante qui est suprema et prima bonitas sine qua nullum verum habetur.

Cap. 2. Premisso ergo de causis pestiferi morbi videndus est modus quo in hominibus tales cause causant illos. qui modus multum fuit pluribus obscurus. et per aliquos modernorum diversos, ut fuerunt aliqui italici qui magis inquisierunt de illo.* certum namque est per dicta astrologorum et philosophorum quod corpora celestia et superiora in istis inferioribus generabilibus et corruptibus . . . agunt . . . ex quo anima interdum inclinatur ad hoc vel ad illud sed non cogitur. illa namque superiora corpora totum istum mundum inferiorem regunt et disponunt, vnde Aristoteles primo metearum, tractatu 1., cap 2.: totus iste mundus inferior contiguus est lacinonibus superioribus, ut omnis virtus gubernetur

[1]) Hs. putrefacto. — [2]) Hs. sicut. — [3]) Hs. ruminanti.

inde. ad idem Ptolemeus in ‚centiloquio', proposicione prima ayt: mundanorum ad hoc et ad illud mutacio celestium corporum mutacione contingit, et in proposicione nona: vultus huius seculi subiecti sunt vultibus celestibus et agunt illa superiora corpora in istis inferioribus altero trium modorum uel pluribus eorum uel omnibus simul, nam aut operantur per lumen, et sic in instanti operantur, aut per motum (?), et sic in tempore operantur, aut per influenciam, et sic certo et limitato suo tempore, ut quandoque sic quia tales planete taliter coniunguntur uel opponuntur vel se aspiciunt et non aliter. et talis influencia est tota proprietas seu virtus specifica eius concessa a prima causa, ut adamanti est virtus specifica data ad attrahendum ferrum. et illa est accio efficacior et potencior que est prescise in corporibus celestibus ut dicit Albumazar et alii philozophantes. non autem operantur inferius causando epidimiam per lumen, ut aliqui credunt, quia sic in istanti operarentur et in omni tempore, cum omni tempore illuminetur aqua et terra per ea, et sic eciam isti planete plus causarent eam qui plus illuminarent, sicut sunt sol, venus, luna. et adhuc sol plus ceteris causaret cum plus illuminet. de racione tamen luminis est calefacere; et ideo Avicenna inferebat: vbi maius lumen, ibi maior calor, ut in primo can. fen. 2., doctr. 2., cap. 3. ‚de natura temporum'. eciam quia talia sunt negata per philosophos et astrologos; ideo pocius in inferioribus causarent uitam per suum lumen et motum, secundo ‚de generacione' cap. ultimo. nec operantur talem epidimiam per eorum motum (?), quia eciam omni tempore causarent eam, et qui velocius mouentur, ut luna, mercurius, venus, forcius illam operarentur, quod totum est falsum. nec operantur per qualitates primas actiuas uel passiuas, quia non sunt calide, frigide. humide et sicce; cum talia corpora non sunt susceptiua peregrinarum impressionem, primo celi tract. 3., cap. 2°. nec operantur per secundas qualitates, quia ille sequuntur ad primas quas non habent. nec eciam coniunccio saturni et iouis et martis operantur inferius epidimiam per suas qualitates vel passiuas potencionales seu virtuales quas habent in causando adustionem in aere et in ipsis humoribus et ipsos humores sic calidos ebulire faciendo, quia ex talium conniunccione scilicet saturni et iouis debet resultari temperies in suis qualitatibus, uirtutibus et potenciis et non adustio, cum vnus eorum ponatur esse calidus et humidus, ut iupiter, et alius frigidus et siccus, ut saturnus. nec iupiter et mars illam operantur ex qualitatibus, quia ambo sunt calidi et sicci per illos coniunctos augmentatur caliditas que, dum fortis est, resistit putrefaccioni, 4. ‚metarorum.' nec sic causantur morbi pestilenciales qui ut plurimum sunt putrediuales, ut patet per Avicennam in quarto tract. 4., quamuis bene caliditas maior acuciores facit morbos ut patet ibidem. nec eciam per eorum qualitates uirtuales passiuas, cum in illis contemperentur. nec operantur per suos radios perpendiculares reflexiuos uel incidendo, ut aliqui Ytalici opinantur, cum solum per illos inferius operantur qualitates primas actiuas et passiuas ‚ut patet per Auicennam primo can. fen. 2., doctr. 2., cap. 2. ‚de natura temporum.'

et in omni tempore per eos causaretur omnis diuersitas talium radiorum eciam quia talis coniunccio planetarum multociens fit sub nostra terra in angulo quarte domus quarum planetarum radii super nostrum emisperium non attingunt. et si radii incidencie usque ad nostrum orizontem attigunt, illi tamen nullius uel debilis sunt efficacie, ut apparet de sole dum subducitur sub tropico capricorni in yeme, cuius radii incidencie tunc minime calefaciunt terras, quod tamen est forcius in sole dum est supra terras. item in coniunccione planetarum non causatur diuersitas radiorum sed vniformitas, quia perpendiculares sunt in sua conniunccione; et ideo radii directiui. nec vnica coniunccio eciam magna per solos radios posset multiplicare vniversalem pestem in oriente et occidente et septentrione, qualis est hodie, quia ubicunque talis coniunccio fit, ibi sunt radii directiui et perpendiculares et per oppositum sunt radii incidencii et resilientes operantur ergo talem epidimiam alia virtute que est influencia et est tota proprietas. et talis uirtus est potencia actiua specifica, per quam eciam corpora humana virtute specifica paciuntur corrupcionem et pestem que est potencia passiua in hominibus et in humoribus eorum subtilibus multum et grossis, et ideo subtiliter concludebat Arnaldus in libro suo ‚de retractanda senectute' cap. 6.: quod mortalitas bestyarum [1]) non transit ad homines, scilicet quando causatur a superiori, sed bene quando causatur ab inferiori, nec e contrario. et illam talem epidimiam operantur non sine medio aeris, quamuis illa sine alteracione medii sensibili in humoribus operari possit quandoque, quod totum clare patet in adamante, in quo sic est uirtus et potencia actiua specifica attrahere ferrum et non aliud: ita in ferro est potencia specifica passiua attrahi ab admante et non ab alio et sic adamas non attrahit preter ferum, nisi proporcionatum suum, nec sub qualibet distancia medii, nisi subiecta, nec in quolibet medio nisi bene disposito. ita eciam celestis influencia non semper epidimiam causat, nec sine medio, sed tempore suo disposito, nec corpus inficit, nisi aptum, nec sub qualibet distancia medii, nisi subiecta, nec sub quolibet aeris medio, nisi disposito suo ad hoc. quia itaque talem operacionem que est influencia operantur vel sine alteracione medii aeris aque et terre; . . . ideo est talis uirtus influxa in omni composito eciam ab arte ut patet intuenti. vel operantur cum alteracione medii, ut patet in pestilencia. „ut patet" dicitur quia uel insensibiliter primo, ut in epidimia ab influencia celi tantum in primis mensibus in contrario in aere non apparet nec malus odor nec color, ymmo ipso aere sereno exeunte et apparente tranquillo, puro, frigido et montuoso, forcior ibi est epidimia et sic maior, ut patet hodie, et in magnis humidis corporibus et fortibus ut in pueris et iuuenibus. et hoc est siguum forte quia est ab influencia celi que fit insensibiliter pıimo et in primis mensibus. et hoc subtiliter etigit unus magister citra montanus qui super eminet [2]) inter illos quos

---

[1]) Hs. bestyorum. — [2]) excellit, am Rande.

noui, quamuis in breuibus verbis. vel operantur sensibiliter et secundo, et hoc dicitur uel quia sensibilter parum et non multum ut quando mortalitas est in medio sui quando incipit radix inferior cum prima specie [communicare] prout effectus causent, quando est in secundis mensibus uel[1]) in tercio et quarto. vel sensibiliter multum ut quando forcius radix inferior cum prima specie communicat, ut est in 'vltimis mensibus. agit igitur sensibiliter talis influencia, sic enim eleuantur napores . . . humidi et frigidi ex visceribus terre et aque, vel ex superficiebus eorum in aere per uirtutem calefactiuam potencionalem, ut per uirtutem solis et stellarum et planetarum. qui vapores postmodo sic mixti in aere abilitantur recipere virtutem talis influencie provenientem ex talium planetarum coniunccione. et sic cum illis corrumpitur aer in sua substancia et putrefit et qualitates malas inductiuas veneni demum inducit. et tunc percipitur corrupcio sensibilis in aere, parum tamen, quia non a multis sed a paucis notatur. sed operatur talis influencia sensibiliter multum, ut quando ex influencia talis coniunccionis saturni et martis vel saturni et iouis et martis vel omnium trium, eleuantur vapores corrupti ab inferioribus ut dictum est. statim tunc apparet in aere sensibilis fetor et corrupcio et grossicies et in sole malus color sic coruptis vaporibus. ex talium influencia remanet post in illis vaporibus grossa humiditas corrupta et infecta. qui vapores sic corrupti et per aerem diffusi et post per homines et animalia inspirati per anhelitum et per poros cutis, venas et arterias et ceteros conductos intromissi spiritus cordi primo alterant et inficiunt, secundo eorum humiditates nutrimentales cordis putrefiunt et corrumpuntur. et hoc est modus quo radix est causa primitiua. primo agit per se et primo tantum, et secundario cum coniunccione sue radicis inferioris sensibiliter multum uel parum. agunt eciam talia corpora superiora cum alteracione medii aeris sensibili. et hoc dicitur vel cum alteracione ad primas qualitates, et sic causant quartuor tempora anni, scilicet tempus calidum, frigidum, humidum et siccum, vel cum alteracione ad secundas qualitates vna cum primis, ut vapores resoluendo ingrossando et corrumpendo ut dictum est. et iste est modus concessus per astrologos et philosophos quo corpora superiora agunt in inferioribus corporibus infeccionem et pestem virtualiter et specifice per suas conniuncciones positas et per eorum aspiraciones et diuersos aspectus, et sicut in celo et in suo zodiaco et in suis circulis epiciclis et ecentricis. nunc videndus est modus quo causa antecedens et coniuncta et corporea et humoralis causant tales morbos pestiferos in homine. et est iste: primo namque spiritus cordis per talem aerem inspiratum et intromissum alterantur et a sua complexione naturali et innata distituuntur. et quia continue est talis mala attraccio, ideo continue ac magis ac magis[2]) spiritus vitales cordis primo et alii omnes consequenter, naturalis et animalis et humiditas eorum nutrimentalis qui est in corde

[1]) Hs. ut. — [2]) Hs. minus.

a qua ipsi spiritus profluunt et resoluuntur et calefiunt a calore extraneo et non naturali[1]) qui calor extraneus inducit putredinem in illis humiditatibus. et ille calor putredinalis est preter naturum. postmodo a corde per membra expansus causat febrem pestiferam primo, deinde aptam sequitur et hoc in paucis verbis notauit Auicenna. tunc itaque ad deperdicionem complexionis spiritum et ipsorum alteracionem et ad putrefaccionem ipsi generantur. sequitur primo in uirtutibus omnibus debilitas et primo in corde. et quia ipsi spiritus sunt instrumentum uirtutum, necessario sequitur quod suo instrumento debilitato et eciam ipse uirtutes debilitantur. ad debilitatem vero uirtutum sequitur operacionum debilitas, quia operacio procedit a uirtute. ad putrefaccionem vero humiditatis cordis sequitur in ipsis malignacio subtilius quod in eis est resoluendo et grossiores partes putrefaciendo et adiunctas, et demum in eisdem qualitates inductiuas venenificando, quoniam maliciam nec cor nec alia membra principalia, licet cor minus, tollerare diu . . ., vicia expellunt ad emunctoria sua. que materia putrefacta in antrocis locis et incinerata non potens euaporari qualitates ampliores et materiam secum contrahit venenosam, sic ex illa tali materia ex talibus locis generantur antraces, carbunculi ignis persicus et sacer et estiomenus et quia talium materia venenosa efficans est post tempus, ideo [effectus][2]) sui tunc forcius tendunt ad cor. et quia tale venenum non est a tota specie venenum sed per qualitates malas ut dicam, ideo ipsum natura tollerat aliquando per tres dies uel plures secundum tenorem virtutum et qualitatem illius quod diriuum natura sinchomatice per corpus mandat cum diuersis maculis nigris, viridibus rubeis et molaccis . . . et postmodo dum natura tollerare non valet amplius, succumbit uirtus et sequitur mors festina. et hic speculator subtilis videt clare curam possibilem fieri in talibus, de qua inferius loquar clarius. et hic est modus quo causa consequens et coniuncta operantur febrem pestiferam et aptam venenosa antrosa. et has causas et modus si quis subtilius inquisierit uel sciuerit, ut tollere poteri effectum talium morborum, uel saltem mitigare uicium quod non mortifere nocebunt, prout innuit Ptolemeus in ‚centiloquio', proposicione quinta. quod maxime facere poterit . . . tempus infeccionis indiuiduorum sanorum quia influencia in aere prohiberi non potest, nisi in particulari supposito et domo sua et camera hoc facere potest cum preseruatiuis antidotis de directo opponente corrumpentibus[3]) suis causis et infirmis, antequam materia putredinalis talium morborum efficiatur venenum quod est in duobus vel tribus diebus primis, ut dicit Avicenna. postquam namque facta est impressio cordis et notabilis malicia complexionis et confirmata in eo non recipit curam, ideo cum non est confirmata non est facile susceptibilis aeri ut patet per principem . . . et talis impressio citissime fit in

[1]) Hs. naturalem. — [2]) Hs. fui. — [3]) Hs. corundentibus.

corde et omni tempore potissime per qualitates et materias venenosas que continue sunt cor petentes tamquam basim uite, ut wult Mesue.

Cap. 3. Signa autem talium pestilenciarum a diuersis causis seu radicibus causatarum multa sunt posita ut scilicet illius que ab inferiore radice causatur et illa non sunt per loca in quibus causantur que dicta sunt multa et eciam per disposicionem temporum quem eciam ponunt omnes ut Ypocrates in tertia parte aphor. libr. epidimiarum quem allegat Galenus libro ‚de complexionibus' dicens: quod si disposicio anni tota fuit calida et humida cum vento austrino pluuioso[1]) multum et tranquillo, talis disposicio temporis est inductiua maxime putrefaccionis et demum necessario inducit id quod est maximum ex pestilencia. et idem dicit Ypocrates de illa que contigit in ciuitate Crathon et Palestina et aliis in libro epidimiarum nominatis. et de illa que accidit secundum subiectam gentem romanorum tempore Galeni (?) ut ipse refert in libro ‚de euchimia et cacochimia'. et de illa que accidit tempore beati Gregorii in ciuitate romana a cadaueribus serpencium. que tamen omnes tales mortalitates fuerunt particulares et regionales a radice inferiori, prout eciam legitur a Galeno in primo ‚de differentiis februm,' cap. 4. et per Auenzoar in tertia parte ‚thezier,' cap. ultimo. de pestilencia vero ab utraque causa causata, scilicet a radice superiori et inferiori, de signis eius satis loquitur Rasis in decimo Almansoris, in capitulo ‚de pestilencia,' et Auicenna in 4., can. tract. 4. et Ysaac in 5⁰ februm, cap. 4⁰. que pestis quia est composita sua causa seu radix per signa composita suorum componencium dinoscetur. sed signa propria epidemie a causa celesti sunt proprie ipsemet cause ut precedentes conniuncciones maiores primarum stellarum planetarum secundarum stellarum cometarum et consistenciarum diuersarum ignitarum ut dictum est supra. 2. signum est quoddam uniuersale ut puta ut in vna climate uel pluribus secundum aspectum signorum sub quibus cadit talis coniunccio uel cometarum apparicio, prout apparet in ista moderna, 3. signum est quod subito inuadit plures in eadem uilla vel in domo in eisdem die et hora. 4. signum est quia in locis subtilioris aeris et magis montuosis et ventosis et hoc septentrionali vento perflante, ibidem fumo sicco et fortissimo, et in locis grossi aeris inclusi et cooperti et quieti minus inuadit. et ista quatuor sunt signa vniuoca. 5. signum quod in tali epidimia ut plurimum pueri primo et iuuenes, secundo et bene complexionati et forti et sanguinei et carnosi magis moriuntur aliis. 6. est quod talis febris pestilencialis ut plurimum est peracuta, quia in septima uel citra illam terminatur. ymmo multi moriuntur in prima die, ymmo multi non viuunt nisi per paucas horas. et hoc est secundum quantitatem maiorem materie venenose et maiorem subiecti disposicionem. 7. signum est quod sunt multum anxii et

[1]) Hs. pluuiosum.

inquieti mutantes se de loco in locum, et sunt in lecto diuersi situs et cum vomitu et nausea. 8. signum est quod statim senciunt se debiles multum sine hoc quod purgacio aliqua seu flobotomia precessit, ideo statim appetunt vinum et post purgaciones debiliores se senciunt. 9. signum est quod interdum spuunt sanguinem et interdum emittunt per secessum et vrinam et per nares. et isti tales cito moriuntur', quia in crastinum uel tercia die.* 10. signum est quod sunt sompniculose et subechici in primis duobus diebus, in tercio uigilant, et illorum plurimi moriuntur. 11. signum est quod quidquid emittunt extra siue sudor siue sputum siue secessus et ille maxime et eciam anhelitus totum est fetidum multum. et illa sunt signa equiuoca. 12. signum est ex parte vrine. quodsunt multum confuse sub nigre vel rubricunde grosse in substancia cum residencia fecali: et aliquando sunt clare ypostancie ad modum urine sanorum et interdum pauce et confuse. 13 signum est quod pulsus talium est paruus et frequens et cadens, interdum plenus et vndosus. et post foruncans cum sudore diaforetico. 14. signum multiplex apparicio diuersorum vermium et in pueris potissime et in febricitantibus. 15. signum est quod interdum tussis est sicca. 16. signum apparicio morbilli nigri violatei uel rubei secunda die uel tercia, et hoc est signum vniuocum. 17. signum est apparicio apostematum in emunctoriis membrorum principalium, ut sunt bubones antraces carbunculi uel alie pustule maligne escaram facientes et apparent eciam in aliis locis quam in emunctoriis. 18. signum est casus appetitus et eius perstriccio et interdum famescunt. 19. signum est quod statim habent timorem mortis et ymaginacionem et hoc est malum signum. 20. fluxus ventris diuersus[1]) aut dyarricus humoralis cinericius uel subniger uel citernus, et interdum uidetur lyencericus. 21. intensio ypocundriorum et ventris et eorum inflacio. 22. est secunda vel tercia die balbucies cum stupore mentis et desipiencia quadam. et istos vidi ut plurimum tercia uel septima die mori.

Cap. 4.[2]) de indiciis pronosticis et notabilibus inferendis. Multa autem signa pronostica inferenda et notabilia circa talem materiam premittenda. primum indicium pronosticum est, quod omnis febris continua peryodica ut plurimum de se est mortalitas, quia sua materia est venenosa. quod si autem non moriuntur illi qui ex ea[3]) euadent ut plurimum non euadent sine aliqua macula in aliquo suorum membrorum, quia vel efficiuntur ceci in uno oculo vel claudicantes vel contracti in aliquo membrorum nam dicit princeps quod a febri acuta infirmantibus[4]) raro fit evasio sine contraccione membri, ut dicitur 4. parte, tract. 1. ,de signis morbi

[1]) Hs. diuersos. — [2]) Hs. tercium. — [3]) Hs. eo. — [4]) Hs. interficientibus.

febris putredinalis.' quod est verum maxime si per se et sine consilio medici et remediis debitis tales infirmantes regantur. racio autem quare morbi pestiferi non curantur in pluribus est multiplex. primo quia tales morbi sunt male cogniti per plures medicorum et cause sue et modi sue generacionis. alia causa quia plurimi homines in tali tempore simul infirmantur quibus singulis non est possibilis uisitacio prudentum medicorum quia tales rari sunt et cum hoc cauent sibi multi medicorum infectos visitare, quia in tali tempore [nec] habetur seruitorum copia nec ipsorum abilitas nec facultatis suppetencia multis inest. ideo in tali temporoe racionabiliter plurimi moriuntur qui aliquando uiuerent, si haberent commode necessaria sua. ex hoc eciam vulgari plebei qui immunde uixerunt moriuntur et infirmantur propter hoc in Auinione nunc in illa peste plus. et primo mortui sunt Hispani immunde uiuentes et qui nimis comedunt carnes, que generatiue sunt plurimi sauguinis, qui cum multus sit de facili putrescit. tercio quia sunt lubrici. quarto quia ueniunt de locis infectis. et infecti demum Judei qui immunde viuunt et illi eciam qui in terra extranea fuerunt, in quorum partibus tunc mortalitas epidimica tunc regnauit propter aspectum et influenciam magis singulanter aspicientem supposita illius climatis seu regionis illius. pro tunc moriuntur eciam tali tempore hii quos labor corporeus attriuit, ut agricole. in quo labore multus aer infectus necessario inspiratur. eciam quia discooperto aere diuturno et nocturno sepe sub diuo expositi aspirando continue magis ac magis infirmantur. alia racio quia tempore epidimiali plurimi homines infirmantes sunt ac moriuntur ex continuis terroribus timoribus et ymaginacionibus inductis ex pulsacione nimia campanorum et ex cantu mortuorum per carrerias et audiendo corpus extra deportari ad communicandum infirmos et audiendo eciam continue quod nunc Peter nunc Paulus moriatur. eciam quod vnus infectus in vna domo inficit 10 uel 20 uel quotquot sunt in eadem domo vel uilla, ymmo homo infectus cicius multo inficit sanum et in subduplo tempore, quia aer infectus inficiat homines in duplo tempore, cuius racio est quia duplicata est causa infecto. aliud indicium prenosticum est quod in tempore infecto illa corpora magis moriuntur que magis ad hoc disposita sunt. magis autem disposita sunt ad hoc corpora tenera et multum humida, ut sunt infantes pueri mulieres et iuuenes. et ideo tales in tali tempore primo incipiunt mori. deinde veniunt corpora rara colerica gracilia debilia latorum pororum et in quibus est multus calor. ideo tales sequunter pueros, ut sunt mulieres circa menstruorum erupcionem constitute in 14 uel 15 annis uel circa et omnes iuvenes circa tempus emissionis multi seminis et circa 20. annum et corpora multi exercicii et multi coytus et balneacionis. et talia corpora nominata prius sunt dispositi magis mori ex prima radice tantum, vel ex prima et secunda communicante simul et in primis et secundis mensibus quam corpora senum et quam corpora melancolica sed corpora immunda plena malis humoribus et cachochinica ydropica arcetica scotomitica et . . . morbis afflicta et convalescencia[1]) et corpora nutrita malis cibariis ut sunt mulieres et alii multi qui fructibus et aliis oleribus crudis vescuntur et qui lacticiniis multis et pingwibus nutriuntur et immunde viuentes ut sunt pauperes et Judei multi gulose viventes multe commestionis et multi potus vini; tales forcius moriuntur plures eorum quando venit mortalitas tantum a radice inferiori ut in mala disposicione temporum et aliis causis suis que sunt posite supra in primo capitulo. vbi vero ambe radices concurrunt equaliter, tunc equaliter homines plures moriuntur vel infirmantur. et primo corpora dicta et secundo et generaliter in omni pestilencia omnia corpora immunda sunt plus disposita mori quam corpora munda, quia in omni tali tempore est magis parata putrefactio humorum, diversa tamen secundum diversitatem complexionum et etatum. nam complexio magis disposita pati in epidimia est complexio calida et humida ut sic sunt corpora sangwinea, deinde post istam sunt complexio calida et sicca ut colerica et post hec flantica et post hoc melancolica temperata vero complexio ultime patitur quia putrefactioni resistit maxime. nam ad temparatum complexionem sequitur conveniencia composicionis et ad istam sequitur fortitudo uirtutis, et ita talis complexio remotissima est ab extremis et per consequens ab occasionibus; circa hoc magis est advertendum quod quamvis corpora rara debilia et tenera paciuntur ex prima radice plus et corpora immunda humorosa et cachochimica ex secunda radice et ambo ex ambabus radicibus ut est visum, cum hoc tamen stat quod corpora munda non paciuntur nec ex prima nec ex secunda radice diuisim vel coniunctim nec ex contagio magno infectorum et participacione cum illis. voco autem corpora munda que in corpore et anima munda sunt secundum Aristotelem qui dicit quod utile est corpus regi ab anima uirtuosa prout vtile est omnibus aliis animalibus regi ab homine, ut in primo ‚polliticorum.‘ corpora autem munda secundum medicos dicuntur illa que in humoribus non excedunt nec qualitate nec quantitate ut in quibus non est plenitudo nec secundum uasa nec secundum virtutem nec utrumque. hoc voluit Galenus in libro de ‚euchina‘ cum igitur, agens celeste per suam influenciam sit fortissimum agens et velocissimum, quia causa superior vniversalis multo efficacior est in agendo quam inferior, ut in libro ‚de causis,‘ et agens non agit nisi in passo disposito, primo ‚de differenciis februm‘, cap. 4.°, tale forte agens in corporibus mundis multam inveniens resistenciam in sua accione non agit in illa corrumpendo sed solum illa penetrat primo et pertransit ea modicum alterando et non terminatiue et obiectiue in illis agendo; sed inveniens corpora plena multis humoribus bonis, ut sunt corpora sangwinea carnosa et corpora iuuenum calida vel inveniens corpora plena malis humoribus in qualitatibus suis: in talibus terminative et obiectiue agit secundo, prout videtur clare

[1]) homines Cacochymi, Hydropici. Arthretici, Stomachici, Splenici, Icterici, e morbo connalescentes. Dalech. p. 41.

in accione fulminis qua aurum liquefit in bursa, bursam non conburendo sed modicum illam alterando et gladium frangit in vagina, vaginam non corrumpendo, prout tradidit magnus Albertus almanus in suo compendio naturali. ulterius notatur quamvis aer corruptus simplex sit, quia elementum et illi proximum est corpus rarum et dyaphanum non corrumpens de se accionem stellarum nisi alterative, ut calefaciendo vel frigefaciendo et non terminatiue ut putrefaciendo venenando.* quia talia sunt passiones mixte ut patet 4. metharorum, cap. 2. ad hoc tamen ut talem, accionem recipiant ab influencia dicta admiscentur secum vapores terrei et aquei de profundo terre uel aque uel de superficiebus occulte et insensibiliter, quandoque vero manifeste et sensibiliter. quandoque vero ut dixi quibus secum commixtis recipere potest accionem illius influencie terminatiue putrefaciendo et secum qualitates venenosas contrahendo disposicione. non tamen intelligas quod ipse aer in se venenosus sit factus ex tali influencia celi nec disposicione et impressione (?) nam si actualiter esset uel omnes homines in tali tempore deberent infirmari uel mori cuius oppositum est verum. tertium indicium et in indicio notandum, vnde quod qui moriuntur ex epidimia ut plurimum decliuio lune moriuntur et maxime quadras. cuius ratio est quia corpora humana protunc sunt debiliora propter carenciam maiorem calidi et humidi, ut princeps wult in prima can. fen. 4. cap. ‚de ventosis,' atque sequitur superfluorum humiditatum superhabundancia, prout clare deducit Aristoteles in libro ‚de proprietatibus animalium', cap. 18. eiusdem, dum dicit: propter hoc in mulieribus est magis menstruum in fine lune quam in aliis temporibus cum menstrum non sit nisi superfluitas quedam, ut patet per eundum 19° eiusdem. et quamvis verum sit quod in omni tempore mensis lunaris omnes tam juvenes[1]) pueri senes et mediocres possunt de epidimiis mori, tamen uidetur ut plurimum ad sensum quod plures eorum plus moriuntur in vna quadra quam in alia et in ista ex ratione. nam cum infantes et pueri senes in senio constituti que sunt corpora superficie magis humida quam iuvenes et pueriles sint, in tali tempore quo superflue humiditates eorum plus humidant, ideo tunc ut plurimum et magis moriuntur. iuuenes vero et corpora sanguinea et carnosa plena bonis humoribus cum tales existentes robusti humores forcius moveantur augeantur et aducuntur circa medium mensis lunaris et circa plenilunum propter maius lumen lune, prout clare patet ad sensum . . . aqua in fluctibus accessum et recessum habentibus ut dicit princeps prim. 4. cap. ‚de ventosis.' ideoque tales tunc ut plurimum et magis moriuntur, in prima vero quadra non moriuntur ut plurimum quia humores naturales tunc non sunt diminuti uel in ultima quadra nec eciam illa ad hoc non sunt victi nec ebuliunt, ut idem textus dicit. ideo merito tunc in prima quadra ut plurimum debent mori. item quartum indicium est quod tempore epidimie [iis] qui steterunt in loco infecto non est hodie tuta fuga, nec illis

[1]) Hs. juvenos.

eciam qui fugiendo transeunt per loca infecta. nam multi tales fugientes ad loca sana statim ad illa applicantes cito mortui sunt, ut vidimus in Avinione de venientibus de pede moncium de Avernia et de Hispania qui omnes hic portaverunt pestem, que prius non erat. hoc eciam optime stat in Romanos, quia tales fugientes per infectum aerem propter viam et intineracionem laboriosam aerem infectum aspirant et humores suos malos movent qui moti sunt deteriores ipsis quietis, ut patet in commentario illius... eciam tales fugientes anticipant suam mortem. sed potissime hodie minus fugiendum quia universalissima est aeris infeccio ut dictum est. eciam cum in omni tempore mutacio subita sit nociua multo magis erit in tali tempore. eciam quia in corporibus plenis malis humoribus vel eciam bonis ex motu humorum potest calefieri putrefieri et aduri et tunc demum venenositas induci in illis, et sic apostemata antrosa et venenosa et adhuc sine cursu influencie talis celestis, et hoc sepe videtur ad sensum. non est tamen consilium quod in tali tempore in magnis civitatibus et locis magnis fiat mansio sed prope illas in parvis locis grossi aeris et aquosi et cum paucis,[1]) quod ideo fiendum est ut euitetur terror moriencium et infectio contagiosa viventium ut ymaginatiua quiescat. et dico notanter in locis aquosis quia in talibus est grossior aer et ideo minor influencia celi, ut patet per principem in prima can. fen. 2., doctrina 2, cap. 3. de naturis temporum. ubi namque radix inferior forcior et potencior, ibi superior est debilior et minor. est tamen cum hoc consilium bonum quod in epidimicis morbis non universalibus sed regionalibus fugere ante infectionem sui loci et ad loca sana opposita situi unde talis epidimia venit; et longe fugere bonum est et eciam ubi fuga expediret. in epidimia a superiori radici causata debitis condicionibus observatis ut si nec in tali sit aer vniversaliter infectus, tunc ad loca bassa humida et grossi aeris est fugiendum et loca alta sicca petrosa et mundi aeris apparentes et sublitis sunt dimittenda, quod maxime probat sensibile iudicium et rationale. nam incarcerati homines vivunt tali tempore et homines inclusi et mulieres religiose et incluse non cohabitantes nec participantes cum extrinsecis et in paludosis grossi et corporei aeris commorantes. et ob hoc dixit Avicenna: quod cum corrupcio accidit in aere communis aer discoopertus erit ipsam magis recipiens, quam constitutus et occultus, ut in primo can, fen. 2. cap. ‚de bono aere.' cum autem mortalitas causatur a radice inferiori, tunc per oppositum ad loca alta subtili et boni aeris fugiendum est. et ideo in primis duobus mensibus morandum in locis bassis et profundis, in secundis mensibus in magis altis, et ultimis mensibus ad alciora immorandum est. nec tunc debet fieri mora longa in uno loco sed sepe mutacio de duobus in duobus mensibus. hoc autem probat rationale indicium et experiencia docet, si consideretur processus morborum pestilencialium precedencium mortalitatum in quibus quamvis omnes a radice superior

---

[1]) Hs. vel. — [2]) Hs. paticis.

habuerint[1]) [euentum] ut patuit per suas causas in principio nominatas, quia tamen ad radicem superiorem sequitur cito radix inferior tamquam effectus ad suam causam, nam post cito sequitur indisposicio temporum et aeris sensibilis infeccio et grossicies et nebule fetide plurime et humiditas in aere et caliditas lenta et color pallidus solis dum oritur. Ideo processus diversus moriendi et evadendi uisus est in precedentibus mortalitatibus, uidelicet quod in primis mensibus febris fuit et apostemata valde acuta, quia in quarta die vel ante moriebantur infantes et pueri et post aliquid iuvenes ymmo multi moriebantur subitanea morte, ut magis dispositi, et ideo fuit quod illa tunc fuit a prima radice tantum, et in secundis mensibus remittebantur in sua malicia tales morbi et in sua acuitate et fiebant peracuti vel acuciores morbi, quia in septima vel ante terminabantur, quam si transirent vel transeant multi curantur cuius racio est quod radix inferior communicare se incipit cum superiori. sed in ultimis mensibus adhuc remittebantur in sua acuitate et malicia et efficiuntur morbi tales vel acuti simpliciter, quia in quatuordecima vel ante terminantur vel efficiuntur cum longis lentis febribus vel cum apostematibus vel exituris multis, quia radix inferior primam forcius concurrit. quod prius et ita visum per experienciam in mortalitatibus lapsis ut plurimum. est eciam vltimo notandum quod ista nostra moderna et ultima mortalitas a precedentibus mortalitatibus multum differt. primo in suis causis efficientibus quia maiores habet preteritas que dicta sunt, et habet eciam causas continentes futuras, ut sunt: coniunccio minor jovis et martis in primo signi cancri anno proxime futuro; et in mense aprili est coniunccio mediocris saturni et martis futura eiusdem anni futuri et de mense maii in septimo gradu geminorum.

Et ideo diucius durativa quam aliqua precedencium, quia non solum per 6 vel 5 menses ut[2]) altera precedencium durativa est, ymmo eciam per annum vel annos, prout iam stetit in aliquibus locis particularibus et patriis multis. differt eciam suis causis naturalibus . . . quia maior morborum epidimicorum varietas in ista nunc apparet ut multe putredines pruritus et scabies ulcerose colice et uliace vermium appariciones plurime fere in hominibus . . . generacio et februm emitriciorum eciam multiplicacio. differt eciam ista ab aliis quia in ista omnis radix sua difformis difformiter concurrit nunc simul, quia nunc subita morte interemuntur, ut corpora nimis plectorica nunc usque in terciam morte perdueunt, ut in infantibus, interdum eciam usque ad quintam vel septimam, ut in adolescentibus et interdum in multis ultra elongantur et usque in quatuordecimani et in pluribus talibus sanitas restituitur. differt eciam ab aliis quia magis vniversalis, nam plura climata mundi simul in eodem tempore invadit. nec est tam violenta ut precedentes, quia ut plurimum iuvenes

[1]) Hs. habuerit. — [2]) Hs. uel.

occidit et plus mulieres iuvenes et paucos senes qui transierunt 40. annum et inter Judeos de quinque transit unus, inter christianos vero non moriebatur unus cuius ratio est quod Judei forcius fuerunt infecti quam christiani. in ista eciam in vno supposito quinque multiplex apostematum apparicio simul nedum in uno emunctorio ymmo eciam pluribus uel in omnibus simul, et sepe talia apostemata formaliter extra eminent et subito eciam absconduntur. et interdum fiunt mollia et post durescunt, et tunc est signum mortiferum, et quibus eveniunt apostemata plura illi plus ut plurimum evaserunt, nam etsi multitudo male materie epidimice in habentibus plura apostemata denotetur, multa eciam fortitudo virtutis regitiue expellentis . . . in tali notatur. eciam ista vltima minus contagiosa fuit et minus violenta quam precedentes. nam in prima magna due partes gencium fuerunt fere mortue et quotquot infirmati sunt ex epidimia tunc quasi omnes mortui sunt. in secunda vero et minore media pars gencium fere mortua est et de illis qui fuerunt infirmati de epidimia aliqui sed pauci evaserunt. in tercia vero adhuc minore multo decima pars gencium fere mortua est et de illis qui fuerunt infirmati ex epidimia plurimi evaserunt. in quarta vero moderna nobis ultima vigesima[1]) pars gencium mortua est fere et qui ex epidimia illa fuerunt infirmati plurimi et multi evaserunt in Avinione.

[1]) Hs. decima, cf. Dalech. p. 53.

NACHTRAEGE UND BERICHTIGUNGEN.

p. 14. Die päpstliche Bulle vom 20. October 1349, nicht 1340.

p. 16. Nach Beendigung des Druckes habe ich noch eine interessante Urkunde aus Baiern aufgefunden. Konrad von Vilander, Burggraf und Pfleger zu Haberberg vergabt die „Chreuzthal-Hube" auf Innichenberg: „ich hab gehaizzen ausruffen und chunden auf der hofmarch zuo Inichingen drev maenod, ob jemant wold pau besten von dem gotzhaus von Freysingen, vnd besante die naehsten erben die zuo der huoben gehorten die da leit ob Inichingen an dem perge und haizzet das Chreuzthal vnd fracht sey, ob sitz wolden besten vnd ob sitz verbesen mochten, do wolden sie ir nicht vnd mochtens auch nicht verwesen und gaben mirz auf ledigleich als ain guot daz dem gotzhaus ledick was worden. do goczgewalt waz vnd der leut sterb". (Cod. Dipl. Austriaco-Frisingensis ed. Zahn; Font. rer. Austr., Dipl. et Acta Bd. XXXV. No. 697, p. 288.) Die Urkunde ist datirt: „1349 an sand Paulstage nach Weynachten." Der Herausgeber setzt dafür den „10. Jänner", nach Grotefendt (Handb. d. hist. Chronol. p. 93) ist es der 25. Wir können in diesem Falle nicht einmal auf die Mannigfaltigkeit der im Mittelalter üblichen Jahresanfänge rekurriren, um das angegebene Datum zu emendiren. Dieses Document alterirt demnach einen Theil der Beweisführung. Wenn drei Monate vor dem Januar 1349 die „Chreuzthalhube" durch die Pest ledig wurde — denn auch die Annahme einer anderweiten Volkskrankheit lässt sich durch nichts erweisen —, dann unterliegt die Notiz der Annales Matseenses, dass von Michaeli 1348 die Seuche in Mühldorf herrschte, kaum einem Zweifel, und ist der Vorwurf der Fahrlässigkeit, der gegen den Mönch von Matsee erhoben ist, ein ungerechtfertigter. Aber auch in dem Falle einer so frühen Einschleppung in das Gebiet zwischen Mühldorf und Freising muss die Krankheit sich in sehr engen Grenzen gehalten haben, bis im Herbst 1349 der breite Strom der Ansteckung auch die Nachbargebiete überfluthete.

p. 23. Neben Levold von Northof und der lateinischen Reimchronik ist irrthümlich auch von der Költhoffschen Chronik gesagt, dass sie die Pest nur zum Jahre 1349 erwähne. Die Stelle lautet: „1349 und zwei jaire dairna was ein grois sterfde ... in christenheit" (Stchr. XIV. p. 684.)

p. 72. Porro Rudolfus videns se heredem Austrie utpote primogenitus inter fratres, ad cesarem versus Pragam suscipere regnum festinat. Sed ibi propter pestilenciam que Poloniam, Bohemiam, Moraviam occupaverat moram cum socero suo facere non poterat Wiennam regreditur. Cont. Zwetl. Mon. Germ. S.S. IX. p. 687.

INHALT.

Seite

Einleitung 1

Vorarbeiten, 1. Gesichtspunkte der Neubearbeitung, 2. Quellen, 3.

Der schwarze Tod von 1348—1351 und sein chronologischer Zusammenhang mit Judenmord und Geisselfahrt 5

Die Aufeinanderfolge der Ereignisse: Judenmord, Geisselfahrt, schwarzer Tod, 5. — Datirung der Judenverfolgungen, 6, der Geisselfahrt, 12. Gang und Verbreitung des schwarzen Todes bis 1351, 14. — Pestfreie Gebiete, 27. — Die Datenverschiebung, 39. Absicht einer tendenziösen Rechtfertigung der Judenverfolgungen, 42. Einfluss einer wissenschaftlichen Theorie, 46.

Ursprung des schwarzen Todes und Natur der Krankheit 48

Ueberlieferte Vorgänge im Naturleben und Annahme eines kosmischen Ursprungs der Pest, 39. Unzuverlässige Quellen der medicinischen Geschichtsschreibung, 50. Die Zeitgenossen und Augenzeugen, 53. — Ansicht der neueren medicinischen Wissenschaft über die Pathogenese der Infectionskrankheiten, 60. Oertlicher Ursprung des schwarzen Todes, 62. Die Krankheitserscheinungen und ihre Identität mit denen der indischen Pest, 63.

Die Dauer der Seuchenperiode 64

Bevölkerungsbewegung in Deutschland bis zum Eintritt des schwarzen Todes, 65. Socialhygienische Missstände, 67. — Verschiedene Bemessung der Seuchenperiode, 68. Modification der Krankheitserscheinungen, 69. Gang und Verbreitung des schwarzen Todes nach 1351, 70. Analogie mit der Cholera, 76.

Einwirkungen der Seuchenperiode auf die geschichtliche Entwicklung Deutschlands 77

Ansichten der medicinischen Geschichtschreibung über die Bedeutung des schwarzen Todes für die geschichtliche Entwicklung, 77. Vorübergehende Eindrücke, 80. Moralische Zustände, 81. — Für die politische Gestaltung fast bedeutungslos, 84. — Einflüsse auf das wirthschaftliche Leben: der Menschenverlust, 86. Steigerung der Löhne und Preise, 88. Die Münzverschlechterung, 90. Kein Wendepunkt, 92. Aufschwung von Handel und Industrie, 94. Die Universitätsgründungen, 96. — Socialpolitische Kämpfe des vierzehnten Jahrhunderts, 97. Stellung der Juden, 99. Zwei Perioden der Judenverfolgung zur Zeit der schwarzen Todes, 104. Juden und Geissler, 107. Entwicklung der Geisselfahrt, 108. Zwei Stadien der Bewegung, 100. Eine socialpolitische Revolution, 116. — Veränderte Stellung der Juden, 124. — Besitzverschiebung zu Gunsten der Kirche, 125.

Schlusswort 132

Beilagen 135

I. Der Avignoner Brief 137

II. Witterungverhältnisse, Naturerscheinungen und Volkskrankheiten in Oesterreich. 1330 – 1370 141

III. Das Gutachten der Pariser Facultät 149

IV. Chalin de Vinario 157

Nachträge und Berichtigungen 178

Zeitfracht Medien GmbH
Ferdinand-Jühlke-Straße 7
99095 Erfurt, Deutschland
produktsicherheit@kolibri360.de